WRITING IN ENGLISH

잘못된 곳을 고쳐주는 영작문

조형묵 지음

KM 경문사

조형묵

한국외국어대학교 영어과 졸업
한국외국어대학교 대학원 영어과(석사)
고려대학교 대학원 영어영문학과(박사)
University of Washington에서 수학
University of Auckland 교환교수
현재 한국교통대학교 영어영문학과 교수

CONTENTS

머리말

이 책은 필자가 그 동안 대학에서 영작문 강의–강의 내용에 따라 다르겠지만 영문 번역연습 정도가 정확할 것이다–를 하면서 모은 자료들을 엮은 것이다. 따라서 이 책에 나오는 번역 예들은 실제로 필자의 영작문 강의를 수강한 학생들이 우리말을 영어로 번역한 예이므로 이 책을 보는 독자들은 본인들이 직접 한 영어 번역과 너무나 유사한 실수를 이 책에서 수없이 발견할 수 있을 것이다. 본인들의 실수와 유사한 실수의 예를 보면서, 또 그것이 틀린 이유와 고쳐지는 과정을 보면서 독자들은 생생한 영어 학습의 과정을 경험할 수 있을 것이다.

영작문에 관한 책은 이미 이전에도 수십 가지가 출판되었지만 대부분의 경우 우리말 번역에 대한 단 하나의 모범 번역만을 제시하는 정도였다. 그렇기 때문에 학생들은 자기가 한 번역이 모범 번역과 다를 경우 자기가 한 번역은 무조건 틀린 것으로 간주하고 모범 번역만을 외우려고 하였다. 하지만 우리말을 영어로 옮길 때 가능한 번역 문장은 매우 다양하다. 또 그렇지 않은 경우 자기가 한 번역의 잘못된 점을 고쳐줄만한 사람을 구하려고 해보지만 이것 역시 쉬운 일이 아니다. 이 책은 학생들의 이런 어려운 점을 염두에 두고 한 문장에 대해 최대한 여러 가지 다른 번역의 예를 들어 잘못된 점을 지적해 가면서 스스로 영어 문장을 만들어 갈 수 있게 하였다. 아울러 문법적인 오류에 대해 자세히 설명함으로써 문법 공부도 병행할 수 있도록 하였다. 특히 잘못 번역된 부분을 밑줄로 표시하였기 때문에 TOEIC 문제 풀이 연습에도 큰 도움이 될 것으로 생각한다.

많은 영어교육 전문가들이 지적하듯이 영어를 배우는 가장 효과적인 방법은 직접 영어로 말하고 영어 문장을 써보는 것이다. 특히 직접 영어 문장을 만들어 보는 것은 영어 학습자들이 그 동안 배운 모든 영어 지식들을 머릿속에서 정리하는 데 가장 효과적인 방법이다. 필자가 느끼기에는 많은 학생들이 상당히 많은 양의 영어 지식을 머릿속에 담아두고 있지만 그 지식이 제대로 정리가 되어있지 않은 경우가 많고 또 대부분은 그 영어 지식을 실제로 활용해본 경험이 거의 없는 것처럼 보인다. 필자는 많은 독자들이 이 책을 공부하면서 여러분들이 가지고 있는 영어 지식을 정리하고 충분히 활용할 수 있는 기회를 가졌으면 한다.

이 책을 보는 법

우선 예제에는 "우리말을 영어로 옮기시오"라는 번역 문제가 제시된다. 이에 독자들은 실제로 주어진 우리말을 영어로 직접 옮겨 보기 바란다. 그리고 그 밑에 박스 안에는 번역 예(a), 번역 예(b) … 하는 식으로 이전에 직접 다른 학생들이 한 영어 번역의 예가 제시된다. 각 번역 예에서 잘못된 부분은 밑줄이 그어져 있고 그 밑에는 번호가 있다. 해설에서는 각 밑줄의 번호에 해당하는 곳이 어떻게 잘못 표현되었는지 자세히 설명되어 있다.

영작문에 필수적인 문법

I 관사

우리말을 영어로 옮길 때 학생들이 가장 어려워하고 많은 실수를 하면서도 또 가장 무심하게 넘어가는 부분이 관사이다. 실제로 관사는 우리말에 없는 것이기 때문에 한국인들에게 어려운 것은 당연하다. 관사에 대해 자세히 설명하려면 책 한 권 전체로도 모자랄 것이다. 그러므로 여기서는 관사에 대한 가장 기본적이고 핵심적인 내용만 정리하였다.

1. 관사는 명사 앞에 붙는다. 그러면 앞에 관사를 쓰는 명사와 쓰지 않는 명사는 어떻게 구분되는가? 기본적으로 이는 명사가 셀 수 있는 명사냐 아니냐에 따라 나누어진다. 즉, 셀 수 있는 명사에는 당연히 단수 형태와 복수 형태가 있는데 셀 수 있는 명사의 단수 형태에는 부정관사나 정관사가 함께 쓰여야 한다. 물론 셀 수 있는 명사의 경우 복수 형태일 때는 대표적으로 "-s"가 붙는다. 아래 (1)의 예에서 "apple"은 셀 수 있는 명사이므로 단수로 쓰일 때는 앞에 부정관사 "an"이나 정관사 "the"가 붙는다. 물론 부정관사 "an"이 붙을 때와 정관사 "the"가 붙을 때의 의미는 다르다.

(1) a. I like an apple. (○)
b. I like the apple. (○)

c. I like apples. (○)

d. I like apple. (×)

2. 원칙적으로 셀 수 없는 명사에는 정관사든 부정관사든 관사를 붙이지 않는다. 그리고 셀 수 없는 명사는 말 그대로 '셀 수 없기 때문에' 복수 형태도 존재하지 않는다. 즉, 셀 수 없는 명사는 복수도 단수 형태와 같이 쓴다. 셀 수 없는 명사와 셀 수 있는 명사는 사전에 각각 U(Uncountable), C(Countable)로 표시되어 있는데 셀 수 있는 명사에는 보통명사와 집합명사가 있고 셀 수 없는 명사에는 물질명사와 추상명사가 있다. 아래 (2)와 (3)의 예에서 보듯이 셀 수 없는 명사 "water"나 "information"에는 관사를 쓰지 않으며 복수형에 "-s"를 붙이지도 않는다.

(2) a. Give me a water. (×)
 b. Give me waters. (×)
 c. Give me water. (○)

(3) a. They sent me an information. (×)
 b. They sent me informations. (×)
 c. They sent me information. (○)

"water" 같은 소위 물질명사가 셀 수 없는 명사에 속한다는 것은 학생들이 잘 알고 있지만 "information" 같은 명사는 별 생각 없이 앞에 관사를 쓰는 경우가 많다. 이와 같이 학생들이 셀 수 없는 명사지만 자주 관사를 붙이는 명사에는 "work", "time", "weather", "music", "advice", "evidence", "food" 등이 있다. 따라서 아래 (4)와 (5)의 예에서 보듯이 이같은 명사에 관사를 함께 쓰면 옳지 않은 문장이 된다.

(4) a. Give me a food. (×)
b. Give me the food. (×)
c. Give me food. (○)

(5) a. I like a warm weather. (×)
b. I like the warm weather. (×)
c. I like warm weather. (○)

3. 그러면 관사의 용법을 셀 수 있는 명사와 셀 수 없는 명사로 나누어 좀 더 자세히 이야기해 보자. 우선 앞에서 셀 수 있는 명사는 관사와 함께 써야 한다는 것을 이야기하였다. 즉, 셀 수 있는 명사에는 부정관사를 쓸 수도 있고 정관사를 쓸 수도 있다. 그러면 어떤 경우에 부정관사를 쓰고 어떤 경우에 정관사를 쓰는가? 우선 크게 말하면 어떤 명사가 특정 대상물을 가리킨다는 사실을 화자와 청자가 알고 있을 때 정관사를 쓴다.

좀 더 구체적으로 설명하면 우선 대화 당사자들이 이미 알고 있는 지시 대상인 경우 정관사를 쓴다. 다음 (6)의 두 문장을 비교해 보자.

(6) a. A man came to see you.
b. The man came to see you.

(6.a)에서 "a man"은 두 사람 다 알지 못하는 "어떤 사람"을 의미한다. 반면 (6.b)의 "the man"은 두 사람 다 알고 있는 어떤 특정한 사람을

의미한다.

둘째, 문맥상 지시내용이 결정되어 있는 경우에 정관사를 쓴다.

(7) I met a girl. The girl was beautiful.

(7)에서 뒷문장의 "the girl"은 "내가 만난 소녀"를 지시한다. 따라서 "a girl"로 다시 표현하는 것이 아니라 "the girl"로 표현한다.

셋째, 화자와 청자가 속한 공유 문화에 의해 명사의 특정성이 정해질 때 정관사를 쓴다. 다음 (8)의 예를 보자.

(8) a. I went to the museum.
b. I saw the moon.

(8.a)에서 "the museum"으로 표현하였는데 이 경우는 어떤 도시에 박물관이 하나밖에 없기 때문에 화자가 의도하는 지시 대상을 청자가 알고 있는 경우이다. 그리고 (8.b)에서는 지구상에 사는 모든 사람은 달이 하나밖에 없다는 것을 알고 있기 때문에 "the moon"으로 표현한다.

4. 셀 수 있는 명사의 복수형에 부정관사는 쓰지 않는다. 그러면 셀 수 있는 명사의 복수형에 정관사는 쓸 수 있는가? 물론 쓸 수 있다. 다음 (9)의 예문을 보자.

(9) a. I like apples.
b. I like the apples.

이 경우도 정관사를 쓰는 경우와 쓰지 않는 경우는 셀 수 있는 단수 명사의 경우와 같다. 즉, 화자와 청자의 공유 지식에 의해 화자가 지시하는 대상을 청자가 알 수 있는 경우는 정관사를 쓴다. 따라서 "I like apples."는 "그냥 일반적으로 사과를 좋아한다."는 의미이고 "I like the apples."의 의미는 어떤 특정한 사과, 예를 들어 "당신이 선물한 사과"라든지 "탁자 위에 있는 사과" 등을 의미한다.

5. 그러면 셀 수 없는 명사에 대해 생각해보자. 셀 수 없는 명사라도 낱개로 표시하고자 할 때는 여러분들이 알고 있는 대로 앞에 "a piece of" 등을 붙여 표시한다.

(10) a. Give me a glass of water.
b. He gave me a piece of advice

6. 셀 수 없는 명사에 부정관사는 붙이지 않지만 정관사는 때에 따라 붙일 수도 있다. 셀 수 없는 명사에 정관사를 붙일 때는 아래 (11)의 예처럼 문맥이나 상황에 의해 지시 대상이 분명한 경우에만 한정된다.

(11) We received information from you. <u>The information</u> was very valuable. (우리가 받은 정보)

7. 통칭적 지시 대상인 어떤 명사를 통칭적으로 표시하는 경우 소위 대표단수를 쓰는 경우가 있는데 이때는 그냥 복수형으로 표현하는 것이 더 많이 쓰이는 표현이다. 즉, 아래 (12)의 예에서 가장 일반적인 표현은 (12.c)의 "Dogs are faithful animals."이다.

(12) a. A dog is a faithful animal.
b. The dog is a faithful animal.
c. Dogs are faithful animals.

지금까지 관사의 일반적인 용법을 알아보았다. 이 정도의 지식만 머릿속에 넣어 두어도 앞으로 관사의 사용에 커다란 도움이 될 것이다.

II 사역동사

"자기가 직접 하지 않고 다른 사람에게 시킨다"라는 표현은 사역동사로 표현한다. 영어에는 "have, make, let, get" 등의 사역동사가 있다.

1. "have, make, let"의 경우 이런 사역동사 다음에 사람이 나오면 아래 (1)의 예에서처럼 그다음 동사형태는 보통 원형을 쓴다.

(1) a. I had him do it. (○)
b. I had him to do it. (×)
c. I had him done it. (×)

cf. He had the whole audience laughing and clapping.
(이처럼 현재분사를 쓰는 경우도 있다.)

2. "have, make, let"의 경우 이런 사역동사 다음에 사물이 나오면 그 다음 동사형태는 (2)의 예문들처럼 과거분사를 쓴다.

(2) a. The manager had the car repaired. (○)
b. The manager had the car repair. (×)
c. The manager had the car to be repaired. (×)

3. 그러나 "have, make, let"과 달리 "get"의 경우 다음에 사람이 나오면 부정사를 쓴다.

(3) He got Chris to wash his jeans.

4. 그리고 "get"의 경우 사물이 나오면 아래 (4)의 예문처럼 부정사의 수동태 형태, 즉 "to be+과거분사"를 쓴다.

(4) He got his jeans to be washed by John.

III "before, ago"와 "after, in"의 용법

예를 들어 "나는 5년 전에 이 회사에 입사했다."를 영어로 옮겨보자. 그러면 "I joined this company 5 years before."가 맞을까 아니면 "I joined this company 5 years ago."가 맞을까? 혹은 "그녀는 2년 후에 미국으로 가려한다."는 "She plans to go to America in two years."일까 아니면 "She plans to go to America after two years."일까?

우선 과거를 표시할 때 쓰는 "ago"와 "before"를 선택하는 것은 기준 시점이 현재이면 "ago"를 쓰고 기준 시점이 현재가 아니면 "before"를 쓴다. 다음 (1)의 예문을 보자.

(1) a. I finished my work two hours ago.
b. My grandfather died six years before I was born.

위의 (1.a)의 예에서는 기준 시점이 현재이기 때문에 "ago"를 쓴다. 즉, 내가 일을 마친 것은 현재를 기준으로 2시간 전이라는 의미이다. 반면 (1.b)에서는 기준 시점이 "내가 태어난 때"로 현재가 아니기 때문에 "before"를 쓴다.

미래를 표시할 때 쓰는 "in"과 "after"의 용법도 마찬가지이다. 즉, 기준 시점이 현재이면 "in"을 쓰고 기준 시점이 현재가 아니면 "after"를 쓴다.

(2) a. The plane will be landing in Chicago in two hours. (○)
b. The plane will be landing in Chicago after two hours. (×)
c. Kennedy was assassinated three years after he was elected president. (○)

위의 (2.a)에서는 기준시점이 현재이기 때문에 "in"을 쓴다. 즉 현재를 기준으로 2시간 후에 시카고에 착륙할 것이라는 말이다. 물론 이때 "in"은 "～이내의" 의미가 아니고 "～후에"라고 해석해야 한다. "～이내"라고 의미하려면 "within"을 쓴다. 반면 (2.c)의 경우 기준시점이 "대통령으로 선출된 때"니까 "after"를 쓴다.

to-부정사를 목적어로 하는 동사와 동명사를 목적어로 하는 동사

1. to-부정사를 목적어로 취하는 동사

to-부정사는 기본적으로 미래를 의미한다. 이는 "He decided to study hard."의 문장이 "(앞으로)열심히 공부하려고 결심했다"의 의미를 가지는 것에서 볼 수 있다. 즉, 본동사 뒤의 to-부정사는 본동사 보다 이후의 사건을 의한다. 이와 같이 to-부정사를 목적어로 취하는 동사에는 다음과 같은 동사들이 있다.

to-부정사를 목적어로 하는 동사: want, decide, wish, try, attempt, intend, plan, assist, encourage, desire, eager, fail ...

2. 동명사를 목적어로 취하는 동사

반면에 동명사의 의미는 현재와의 동시성이나 가능성과 연관되어 있다. 예를 들어 "I consider going to America."의 의미는 "나는 미국으로 갈 것을 고려하고 있다."는 가능성의 의미를 내포하고 있다.

동명사를 목적어로 하는 동사: consider, enjoy, mind, avoid, fancy, escape, finish, miss ...

1 예제

그녀는 우리의 비밀을 폭로하지 않을 것을 우리에게 약속했다.

번역 예(a)

She promised to us not to disclose our secret.
(1: to us)

해설

1) "누구에게 약속하다"고 할 때는 "promise someone to do something"으로 표현한다. 즉, "someone(여기서는 us)" 앞에 "to"를 쓰지 않는다. 반면에 "explain" 같은 동사는 사람 앞에 "to"를 써준다.

예) 그는 나에게 난방 장치를 쓰는 법을 설명해 주었다.

He explained me how to use the heating system. (×)

He explained to me how to use the heating system. (○)

교정 문장 I She promised us not to disclose our secret.

번역 예(b)

She promised to us that our secret will not be revealed.
(1: to us, 2: will)

해설

1) 여기서도 마찬가지로 "us" 앞에 "to"를 쓰지 않는다.

2) 앞의 주절의 동사 시제가 과거니까 과거형 "would"를 써주어야 한다.

교정 문장 ▮ She promised us that our secret would not be revealed.

> **번역 예(c)**
> **She made an appointment that she would not reveal our secret.**
> 1

해설

1) "appointment"는 "(누구를 만날)약속" 등을 의미한다. 특히 전문직종을 가진 사람, 예를 들어 의사나 관리를 만날 약속을 의미할 때 주로 쓴다. 그러므로 여기서는 맞지 않는 단어이며 "promise"를 써주는 것이 맞다.

교정 문장 ▮ She made a promise that she would not reveal our secret.

> **모범 답안** She promised us not to reveal our secret.

① 연습문제

I. 다음은 우리말을 영어로 옮긴 것이다. 바르지 않은 부분을 고치시오.

1. 외국 은행에서 일하기 때문에 외환 규정에 대해 잘 안다.
I work in an international bank, so I am familiar to foreign currency regulations.

---

2. 그는 링컨에 대해 감동적인 강연을 했다.
He made an impressive lecture on Lincoln.

II. 다음을 영어로 옮기시오.

1. 그들 중 몇 명만 모임에 참석했다.

---

2. 그 발견은 대단히 흥미로운 것으로 생각된다.

---

3. 그 섬의 기후는 온화하다.

---

4. 많은 중요한 문제들이 풀리지 않은 채 남아있다.

____

5. 미국은 매년 얼마나 많은 위성을 발사하는가?

____

6. 어떤 물건을 사기 전에 그것이 정말 필요한지를 자신에게 물어보세요.

____

2 예제

영어를 배우는 것은 네가 생각하는 만큼 어렵지 않다.

번역 예(a)

Learning in English is not so difficult as you think.
1

해설

1) "learn in English"라는 표현은 "영어로(영어라는 언어로) 무엇을 배운다"는 의미이지 영어를 배운다는 의미가 아니다. 또 다른 예를 들면 "learn about English" 역시 영어를 배운다는 의미가 아니고 영어에 관해 배운다는 의미이다. 즉, 예를 들면 영어의 역사라든지 영어의 구조 등을 배운다는 의미이다. 전치사에 따라 의미가 크게 달라짐을 유의하여야 우리말을 영어로 정확하게 옮길 수 있다.

교정 문장 ❙ Learning English is not so difficult as you think.

번역 예(b)

Learning English is not so much difficult as you think.
1

해설

1) "as～as"와 같은 동등 비교에서 "as～as" 사이에는 원급의 형용사나 부사만 들어가면 된다. 따라서 "much"는 빼야 한다.

교정 문장 ❙ Learning English is not so difficult as you think.

모범 답안	To learn English is not so hard as you may think.

② 연습문제

I. 다음은 우리말을 영어로 옮긴 것이다. (　　) 안의 단어를 적당한 형태로 고치시오.

1. 당신을 다시 만나기를 기대하였습니다.
I have been looking forward to (meet) you.

2. 당신과 그녀를 빼고 그가 방에 들어가는 것을 본 사람은 없습니다.
Nobody except you and her saw him (enter) the room.

3. 비행기에 혼자 남겨져서 나는 무서웠다.
(Leave) alone in the plane, I was scared.

4. 폭격에 파괴되는 도시를 본 적이 있습니까?
Have you ever seen cities (destroy) by bombing?

5. 빠른 시일에 나에게 알려주어서 감사드립니다.
I would appreciate your (let) me know as soon as possible.

6. 늦어서 미안합니다. 오래 기다리셨나요?

I am sorry I'm late. Have you been (wait) long time?

---

7. 체온을 쟀나요?

Have you had your temperature (take)?

II. 다음을 영어로 옮기시오.

1. 미국은 정치적으로나 경제적으로 쿠바를 고립시키기로 하였다.

---

2. 언제 노동당에 입당하셨나요?

---

3. 당신이 보기를 원하는 페이지에 표시해 두었습니다.

---

4. 30개 이상의 소프트웨어 회사가 이 프로젝트에 관련이 되어 있다.

---

5. 올림픽 경기가 위성을 통해 생중계 될 것이다.

---

6. 신발이 너무 꼭 끼어요.

---

3 예제

김군이 영어 시험에 가장 높은 점수를 얻어서 우리를 놀라게 했다.

번역 예(a)
We were surprised that Mr. Kim took(1) the highest point of(2) the English Exam.

해설

1) "점수를 얻다"라고 할 때 동사는 보통 "get"을 쓴다.
2) "시험에서의 점수"라고 표현할 때는 전치사 "on/in"을 쓰는 것이 보통이다.

교정 문장 ❙ We were surprised that Mr. Kim got the highest point on the English Exam.

번역 예(b)
It surprised to us(1) that Mr. Kim took(2) the highest score on the English test.

해설

1) "surprise"는 타동사이므로 "to"를 쓰지 않고 "us"만 쓴다.
2) "점수를 얻다"는 동사를 "get" 등으로 쓴다.

교정 문장 | It surprised us that Mr. Kim got the highest score on the English test.

번역 예(c)

Mr. Kim surprised us <u>that he got</u>[1] the highest score <u>of</u>[2] the English Exam.

해설

1) 앞에 "surprised us"가 나왔으니 무엇으로 우리를 놀라게 했는지 내용을 표시해야 하는데 이처럼 표현하면 안 된다. 이 부분은 "by getting"으로 고쳐주면 되겠다.

2) 전치사 "on/in"을 쓰도록 한다.

교정 문장 | Mr. Kim surprised us by getting the highest score on the English Exam.

번역 예(d)

We were surprised <u>by</u>[1] <u>Mr. Kim's</u>[2] getting <u>highest</u>[3] score on the English Examination.

해설

1) "무엇에 놀라다"는 보통 "be surprised at/by"로 표현하나 보통 "be surprised at"을 많이 쓴다.

2) 이처럼 "Mr. Kim's"로 써도 되지만 보다 자연스러운 표현은 "-'s" 없이 그냥 "Mr. Kim"으로 쓰는 것이다.

3) 최상급 앞에는 “the”를 붙인다.

교정 문장 ▮ We were surprised at Mr. Kim getting the highest score on the English Examination.

모범 답안 Mr. Kim surprised us by getting the highest score on the English test.

③ 연습문제

I. 다음은 우리말을 영어로 옮긴 것이다. (　　) 안의 단어를 적당한 형태로 고치시오.

1. 우리는 노인들의 편리를 고려해야 한다.
We should be (consider) of the comfort of the old people.

____

2. 이 새들은 사람에게 이롭다.
These birds are (benefit) to man.

____

3. 그 학교 축구팀은 다섯 게임을 연속해서 이겼다.
The school soccer team has won five (succeed) games.

____

4. 나는 당신 제안에 반대하지 않는다.
I have no (object) to your proposal.

____

5. 이런 때 직업을 바꾸는 것이 바람직하다고 생각합니까?
Do you think that changing jobs at this time is (advise)?

____

6. 컴퓨터에 친숙한 것이 직장을 얻는 데 도움이 된다.
(Familiar) with computers can help you get a job.

---

7. 경제학자들은 불황이 내년에 깊어질까 걱정한다.
Economists fear that the recession may (deep) next year.

---

8. 지시 사항을 주의 깊게 따르세요. 그렇지 않은 경우 실수할 수도 있습니다.
Follow the instruction (care), or you will make a mistake.

---

9. 이 새로운 계획에는 많은 획기적인 것들이 있다.
There is a lot of (excite) about this new scheme.

---

10. 이 시스템은 우리에게 가격을 더 정확하게 예측할 수 있도록 해준다.
The system allows us to forecast costs with greater (precise).

---

4 예제

그녀는 Tom에게 자기 집의 페인트칠을 시킬 작정이다.

번역 예(a)
She is going to make Tom <u>to paint</u> her house.
1

해설

1) "make" 같은 사역동사가 나오면 부정사를 쓰지 않는다. 따라서 "to"는 빼주어야 한다.

교정 문장 | She is going to make Tom paint her house.

번역 예(b)
She intends to have Tom <u>painted her house</u>.
1

해설

1) "have" 같은 사역동사 다음에 사람이 나오면 동사는 원형을 쓴다.

교정 문장 | She intends to have Tom paint her house.

번역 예(c)
She will get Tom <u>paint her house.</u>
1

해설

1) "have, make, let" 같은 사역동사와 달리 "get"은 부정사를 쓴다. 따라서 밑줄 친 부분은 "to paint her house"로 해준다.

교정 문장 I She will get Tom to paint her house.

모범 답안	She is going to have Tom paint her house.

④ 연습문제

I. 다음은 우리말을 영어로 옮긴 것이다. (　　) 안의 단어를 적당한 형태로 고치시오.

1. 제품이 보기 좋게 포장되면 소비자의 관심을 끌 수 있다.
If a product is (attract) packaged, it will get consumers' attention.

____

2. 이 부품들이 언제 배달될까요?
When can we expect (deliver) of these parts?

____

3. 인사 담당자는 모든 지원서를 읽어보았다.
The personnel manager read all the (apply).

____

4. 운동은 스트레스를 줄이는 데 도움이 된다.
Exercise can help (reduce) stress.

____

5. 나는 이 기계를 고칠 수 없다. 나는 기계 쪽으로는 소질이 없다.
I cannot fix this machine; I am not (machine) inclined.

____

6. 이 장난감은 집에서 일부를 조립해야 합니다.
This toy requires some (assemble) at home.

____

II. 다음을 영어로 옮기시오.

1. 50달러 지폐를 바꿀 잔돈이 있나요?

2. 빅토리아 여왕은 64년간 영국을 지배했다.

3. 그가 그 일을 할 수 있다면 나이는 상관없다.

4. 그 강좌는 나이에 관계없이 누구나 들을 수 있다.

5. 아무도 이 현상을 설명하는 데 성공하지 못하였다.

6. 국가안보회의는 무력 사용에 대해 의견이 분열되었다.

5 예제

그는 가족들을 편안하게 살게 하기 위해 열심히 일했다.

번역 예(a)
He worked hard to live his family in comfort.
1

해설

1) "live his family in comfort"는 문법적으로 맞지 않는 표현이다. 왜냐하면 "live"는 자동사이기 때문에 그 다음에 목적어로 "his family"가 나올 수 없기 때문이다. 더구나 편안하게 사는 것은 그의 가족이므로 "his family"는 "live"의 주어로 표현되어야 한다. 그렇다면 어떻게 표현하면 "his family"가 "live"의 주어가 될 수 있을까? 우선 "for his family to live in comfort"로 바꾸어 주는 방법이 있겠다. 아니면 밑줄 부분을 "so that his family might(could) live in comfort"로 바꾸어 주어도 되겠다.

교정 문장 ǀ He worked hard so that his family might(could) live in comfort.

번역 예(b)
He worked hard for his family will live comfortably.
1

해설

1) 앞에 "for his family"가 의미상의 주어로 표시되었다면 이 부분은 당연히 부정사로 바꿔야 한다. 따라서 "will"이 아니라 "to"로 바꾸어 준다.

교정 문장 ▎He worked hard for his family to live comfortably.

> **번역 예(c)**
> **He worked <u>hardly</u> in order to make his family live comfortably.**
> 1

해설

1) 무의식중으로 "열심히"를 이처럼 "hardly"로 쓰는 경우가 있다. 여기서는 "hardly"가 아니라 "hard"를 써야한다.

교정 문장 ▎He worked hard in order to make his family live comfortably.

> **모범 답안** He worked hard so that his family might live in comfort.

⑤ 연습문제

I. 다음에서 적당한 형태를 고르시오.

1. Each baker and pastry maker in the dessert contest (hope, hopes) to win the prize.

2. Each of the tenants complained, but the landlord paid no attention to (him or her, them).

3. The family (has, have) gone their separate ways.

4. General Motors (is, are) the largest automobile maker in America.

5. There (is, are) sand dunes in France as high as 350 feet.

6. Physics (is, are) a requirement for engineering students.

7. Last year more Americans were (hurt, hurted) in falls in their home than in any other type of accident.

8. Every girl and young woman needs to choose a career for (herself, themselves).

9. Anyone who did well on the final examination should be optimistic about (his, their) chances of passing the course.

10. Neither the students nor the instructor (was, were) satisfied with the new schedule of classes.

11. There (is, are) forty members in the committee.

12. Three hundred dollars (is, are) too much to pay for the car.

13. The president, together with his cabinet members, (has, have) left for vacation.

6 예제

지난 십 년 동안 자동차의 숫자는 크게 증가했다.

> **번역 예(a)**
> **During the last ten years, <u>cars</u>[1] <u>have</u>[2] increased greatly.**

해설

1) 의미상 주어는 자동차가 아니라 자동차의 숫자이다. 따라서 "the number of cars"가 되어야 한다.

2) 주어가 "the number of cars"가 되면 단수로 취급하게 되니까 동사도 "has"로 바꾸어 주어야 한다.

교정 문장 I During the last ten years, the number of cars has increased greatly.

> **번역 예(b)**
> **<u>For</u>[1] the last ten years, the number of <u>automobile</u>[2] has increased greatly.**

해설

1) "지난 십 년간"의 의미로 특정한 기간을 의미하므로 전치사 "during"을 쓴다.

2) 앞에 "the number"가 있으니 그 다음의 "automobile"은 복수로 써야 한다.

교정 문장 I During the last ten years, the number of automobiles has increased greatly.

번역 예(c)

<u>For</u>₁ the past 10 years, the number of <u>vehicles</u>₂ has increased greatly <u>in its number</u>₃.

해설

1) 특정한 기간일 때는 전치사 "during"을 쓴다.

2) "vehicle"은 차뿐만 아니라 버스, 택시, 자전거까지 포함해서 모든 종류의 탈것을 의미한다. 그러므로 여기서는 "cars"나 "automobiles"를 써주는 것이 좋겠다.

3) 여기서 "in its number"는 앞의 주어가 "the number"이니까 중복되는 표현이다. 따라서 빼도록 한다.

교정 문장 I During the past 10 years, the number of cars has increased greatly.

모범 답안 The number of cars has increased enormously during the last decade.

⑥ 연습문제

I. 다음은 우리말을 영어로 옮긴 것이다. 바르지 않은 부분을 고치시오.

1. 만약 현금이 손에 있었다면 그들은 이 멋진 가구를 샀을 것이다.
They would buy this fancy furniture, had they had enough cash on hand.

---

2. 그 보고에 의하면 대부분의 사람들이 TV 광고에 나오는 잘못된 선전에 쉽게 속을 수 있다고 한다.
The report says that most of people can easily be fooled by most of the false advertisement contained in the majority of television commercials.

---

3. 만약 교통 문제가 조만간 해결되지 않으면 도시에서 운전하는 것은 불가능해질 것이다.
If traffic problems are not solved soon, driving in cities becomes impossible.

---

4. 오늘 일을 4시 반에 끝냈다.
I have finished today's work at 4:30.

---

5. 내가 언급하는 법은 모든 자동차 소유주가 보험에 들어야 할 것을 요구하고 있다.

The law I am referring to requires that everyone who owns a car has insurance.

---

6. 물은 산소와 수소로 이루어져 있다.

Water is consisted of hydrogen and oxygen.

---

7. 저 식당에서 식사하는 것이 어떻습니까?

How about we eat at that restaurant?

예제

그 일을 의무로 생각하든 아니든 너는 그 일을 해야 한다.

번역 예(a)

You must do <u>it</u>(1) whether you consider that work as your duty or not.

해설

1) 이대로 두어도 큰 잘못은 없다. 그러나 "it"은 "that work"을 지시하는 대명사인데 대명사가 먼저 나오는 것은 그렇게 좋지 않다. 따라서 가능하면 위의 문장은 순서를 바꾸어 "Whether you consider that work as your duty or not, you must do it."으로 해주는 것이 좋다.

교정 문장 I Whether you consider that work as your duty or not, you must do it.

번역 예(b)

<u>You</u>(1) <u>think</u>(2) the work as an obligation or not, you ought to do it.

해설

1) "~인지 아닌지"의 의미를 나타내려면 앞에 "whether"를 써야 한다.

2) "A를 B로 간주하다"는 "think of (or regard, consider) A as B"이다. 따라서 밑줄 친 부분은 "think of"로 고쳐주어야 한다.

교정 문장 I Whether you think of the work as an obligation or not, you ought to do it.

모범 답안 You must do the work whether you regard it as your duty or not.

⑦ 연습문제

I. 다음에서 적당한 형태를 고르시오.

1. Therefore the unhappy residents of the building formed (his or her, their) own tenants' association to pressure the landlord.

2. One million people are (bited, bitten) by animals each year in the United States.

3. John has (hit, hitted) more homeruns than Bill.

4. The boss (said, told) that I had to work late.

5. My new apartment is (close, near) to the Medical Center.

6 My plane (fare, fee) to LA was quite reasonable.

7. I am going to (take, make) a vacation in late August.

8. What time does the store (finish, close)?

9. The nurse took a blood (example, sample) from Mr. Kim.

II. 다음은 우리말을 영어로 옮긴 것이다. 바르지 않은 부분을 고치시오.

1. 대학 졸업 후 나는 직장을 찾았다.

After graduating from college, I wanted to find my job.

---

2. 자세히 조사하지 않았다면 우리는 재정적 문제를 겪을 뻔했다.

Unless the careful investigation, we could have been in financial trouble.

---

3. 나는 그녀가 파티에 오기를 바란다.

I hope her coming to the party.

---

4. 내가 학생이었을 때 불문학을 전공했다.

When I was a student, I majored French literature.

---

5. 우리가 발행하는 모든 송장에는 자체 번호가 있다.

Every invoice we issue have their own number.

---

8 예제

이 사과들 중 3분의 2는 썩었다.

번역 예(a)

The two-thirds of those apples is rotten.
1 2

해설

1) 여기서는 앞에 정관사를 붙이지 않는다.

2) 이런 경우 동사의 수는 앞에 나온 명사의 수와 일치한다. 즉, 앞의 명사가 복수 형태이면 "are"로, 단수 형태이면 "is"로 한다.

예) Two-thirds of apples are rotten. (사과들 중 3분의 2가 썩었다)
Two-thirds of the apple is rotten. (사과 하나의 3분의 2가 썩었다)

여기서는 앞에 복수형태의 "apples"가 나왔으니 "are"로 쓰는 것이 옳다.

교정 문장 Ⅰ Two-thirds of those apples are rotten.

번역 예(b)

Two-third of these apples are rotten.
1

해설

1) "2/3"일 때는 "one-third"의 복수 형태인 "two-thirds"로 해야 한다. 물론 "1/3"일 때는 그냥 "one-third"로 표현한다.

교정 문장 ▌Two-thirds of these apples are rotten.

모범 답안	Two-thirds of those apples are rotten.

8 연습문제

I. 다음은 우리말을 영어로 옮긴 것이다. 빈칸에 적당한 관계대명사를 넣으시오.

1. 그 개를 공격한 늑대는 총에 맞았다.
The wolf (　　) attacked the dog has been shot.

2. 여기 사는 그 남자와 그의 아내는 대단히 행복해 보인다.
The man and his wife (　　) live here seem very happy.

3. 그 집 옆에 있는 정원은 손질이 잘되어 있다.
The garden (　　) stands near the house is well-cared.

4. 네가 할 수 있는 최선의 행동은 곧장 잠자리에 드는 것이다.
The best thing (　　) you can do is to go to bed at once.

5. 그는 의도하는 일마다 성공이었다.
He was successful in (　　) he tries.

6. 어제 불었던 바람과 같은 바람이 오늘도 불고 있다.
The same wind (　　) blew yesterday is blowing again today.

7. 내가 좋아하는 나의 상사는 대단히 효율적이다.
My boss, (　　) I like greatly, is very efficient.

8. 한 노인이 나를 보러 왔는데 그는 내 친구의 아버지였다.
An old man came to see me (　　) son is a friend of mine.

9. 누구든지 법을 어기는 사람은 벌을 받을 것이다.
(　　　) breaks this law shall be punished.

10. 너는 그렇게 말했는데, 그것이 그의 결백에 대한 분명한 증거이다.
You said so, (　　　) is a clear proof of your honesty.

11. 내 생각에 정직하다고 생각되는 사람을 뽑았다.
I picked up a man (　　　) I thought was honest.

II. 다음을 영어로 옮기시오

1. 화병을 포장하기 전에 가격표를 뗄까요?

---

2. 상원과 하원으로 구성되어 있는 미국 의회의 중요한 기능은 법안을 통과시키는 것이다.

---

9 예제

그녀는 차에 레몬과 설탕을 조금 넣어 마신다.

번역 예(a)

She drinks a tea(1) which put(2) a little lemon and sugar.

해설

1) "tea"는 셀 수 없는 명사이기 때문에 관사를 쓰지 않는다.

2) "which" 이하는 관계대명사절인데 이 문장대로라면 "which"는 앞의 "tea"를 지시하기 때문에 "tea"가 설탕과 레몬을 넣는다는 의미가 된다. 따라서 이 문장을 굳이 살려서 쓰려면 "which" 이하를 다음과 같이 고쳐서 "… in which she puts a little lemon and sugar."나 "putting a little lemon and sugar in it."으로 할 수는 있겠다.

교정 문장 I She drinks tea, putting a little lemon and sugar in it.

번역 예(b)

She takes the tea(1) with the lemon(2) and a little sugar.

해설

1) "tea"는 셀 수 없는 명사이기 때문에 앞의 정관사 the를 빼야한다.

2) 여기서 "lemon"은 레몬즙을 의미한다. 따라서 셀 수 없는 명사로서 관사와 함께 쓰지 않는다.

교정 문장 ❙ She takes tea with lemon and a little sugar.

모범 답안	She drinks her tea with lemon and a little sugar.

⑨ 연습문제

I. 다음은 우리말을 영어로 옮긴 것이다. 바르지 않은 부분을 고치시오.

1. 좋은 자리를 잡기 위해서는 예약을 하는 것이 좋겠다.
We had better made reservation so that we will be sure of getting a good table.

---

2. 그 카메라는 "방수"라고 설명되어 있었다.
The camera was described to be "water-proof".

---

3. 그 부서장은 모임에서 이야기해 달라는 요청을 받았다.
The director was asked speaking at the meeting.

---

4. 나는 당신과 독점 계약을 맺기 전에 변호사와 상의하기를 원한다.
I want to consult to the lawyer before I make an exclusive contract with you.

II. 다음을 영어로 옮기시오.

1. 집에 가는 길에 이 편지를 꼭 부치세요.

2. 부모님께 거짓말을 하는 것은 나쁜 일이다.

3. 이것이 무엇을 의미하는지 나에게 설명해 주세요.

4. 전에 본적이 있기 때문에 Brown씨를 곧 알아보았다.

5. 발목을 다쳐 휴가 계획을 망쳤다

6. 조사관들은 폭발의 원인에 대한 증거를 찾고 있다.

7. 군중들은 사방으로 흩어졌다.

8. 나이가 들수록 그는 술은 더 많이 마신다.

10 예제

그는 마케팅 전문가와 상의한 후 광고에 더 많은 돈을 쓰기를 원한다.

번역 예(a)

He <u>wishes spending</u>(1) a large sum of money <u>to</u>(2) <u>advertisement</u>(3) after he consulted <u>marketing specialist</u>(4).

해설

1) 우선 동사 “wish(want, decide, …)”는 “-ing” 형태의 동명사를 목적어로 쓰지 않고 부정사를 목적어로 취하는 동사이다. 따라서 여기서 “spending”은 “to spend”로 바꾸어 주어야 한다.

2) “무엇에 돈을 쓰다”는 “spend to”가 아니라 보통 “spend on”으로 표현한다. 따라서 “to”를 “on”으로 바꾸어 준다. “시간을 보내다”는 대체로 “spend (in)”으로 표현한다.

예) He spends his vacation (in) climbing mountains.

3) “advertisement”는 구체적으로 광고에 쓰인 사진, 영화, 광고문안 등을 의미한다. 따라서 셀 수 있는 명사이다. 반면에 “advertising”을 전반적인 광고 활동을 의미하며 셀 수 없는 명사이다. 여기서는 문맥상 “advertising” 적절하다.

4) 마지막으로 “marketing specialist”는 셀 수 있는 명사이므로 앞에 관사가 있어야 한다. 물론 이때 부정 관사를 써서 “a marketing specialist”라고 표현하면 어떤 특정하지 않은 마케팅 전문가를 의미하고 “the marketing

specialist"라고 표현하면 이미 알고 있는 어떤 특정한 마케팅 전문가를 의미하게 된다.

교정 문장 ▎He wishes to spend a large sum of money on advertising after he consulted a marketing specialist.

> **번역 예(b)**
> **He wants to spend more money to advertising after consult with marketing expert.**
> (밑줄: to — 1, consult — 2, with — 3, marketing expert — 4)

해설

1) 이 문장도 "to"를 "on"으로 바꾸어 주어야 한다.
2) "after" 다음에 원형의 "consult"를 쓰고 있는데 "after" 다음에는 "after he consulted …" 처럼 주어와 동사가 있는 절을 쓰든지 아니면 "consulting"으로 연결되어야 한다.
3) "consult"를 사용하여도 되고 "consult with"도 가능하다.
4) 마지막으로 역시 "marketing expert" 앞에 관사가 있어야 한다.

교정 문장 ▎He wants to spend more money on advertising after consulting with a marketing expert.

> **번역 예(c)**
> **He wants that more money was spended on advertising after discussing with a marketing manager.**
> (밑줄: that more money was — 1, spended — 2)

해설

1) 동사 "want" 다음에 that-절을 목적어로 쓰고 있는데 "want" 동사는 아래 예문에서처럼 부정사를 목적어로 쓰지 that-절을 목적어로 쓰지 않는다.

예) I want that he will go right now. (×)
I want him to go right now. (○)

따라서 수동태로 된 that-절 이하는 부정사로 표현하여 "more money to be spent"로 되어야 할 것이다.

2) "spend"의 과거 분사는 "spended"가 아니라 "spent"이다.

교정 문장 ❙ He wants more money to be spent on advertising after discussing with a marketing manager.

모범 답안 He wants to spend more money on advertising after consulting a marketing expert.

⑩ 연습문제

I. 다음은 우리말을 영어로 옮긴 것이다. 바르지 않은 부분을 고치시오.

1. 우리는 출근할 때 기차를 이용하거나 혹은 이용 가능한 경우 Janet의 차를 타기도 한다.
We usually come to work by the train or in Janet's car when it is available.

---

2. 우울할 때는 좋은 영화를 보는 것이 도움이 된다.
When feeling depressed, a good movie is helpful.

II. 다음을 영어로 옮기시오.

1. 어디를 가든지 집보다 좋은 곳을 발견하지는 못할 것이다.

---

2. 며칠 후 그는 돌아올 것이다.

---

3. 목사로서 나는 여러분들의 영적 행복에 책임이 있습니다.

---

11 예제

그 교환수는 뉴욕으로부터 팩스를 받은 것을 기억하지 못한다.

번역 예(a)

The telephone operator <u>don't</u>(1) remember receiving <u>fax</u>(2) from <u>the</u>(3) <u>New York</u>.

해설

1) 주어 "the telephone operator"와 조동사 "don't"가 수에 있어 일치하지 않는다. "doesn't"로 고쳐준다.

2) 이런 경우 "fax"는 내용이 담긴 팩스 용지를 의미하므로 셀 수 있는 명사이다. 따라서 앞에 관사를 써야 한다. 이때는 상황에 따라 "a"도 가능하고 "the"도 가능하다.

3) "New York" 같은 도시 이름 앞에서는 정관사 "the"를 쓰고 있는데 이런 실수는 이미 잘 알고 있으면서도 실제 작문에서는 의외로 자주 발견되는 실수이다. 도시 이름 앞에 정관사를 쓰는 경우는 "The Hague" 정도 뿐이다.

교정 문장 ❙ The telephone operator doesn't remember receiving a fax from New York.

번역 예(b)

The telephone operator doesn't remember the fax <u>which receive</u>(1) from New York.

해설

1) 관계대명사 "which" 이하에 바로 동사 "receive"를 쓰기 때문에 "the fax"가 관계대명사절의 주어가 되어버렸다. 따라서 "which" 이하는 "which she received from New York"으로 고쳐야 한다.

교정 문장 | The telephone operator doesn't remember the fax which she received from New York.

번역 예(c)

The operator doesn't remember to receive a fax from New York.
1

해설

1) "remember"나 "forget" 같은 동사 다음에 목적어를 부정사로 쓸 때와 동명사를 쓸 때는 그 의미가 달라진다. 즉 부정사를 쓰는 경우는 미래의 일어날 사실을 의미하며 동명사를 쓰면 과거의 사실을 의미한다. 이는 "forget" 같은 동사의 경우도 마찬가지이다.

예) "He remembers to mail the letter."
(편지를 [미래에]부칠 것을 기억한다.)
"He remembers mailing the letter."
([과거에] 편지를 부친 사실을 기억한다).

따라서 여기서는 (과거에) 팩스를 받은 사실을 기억한다는 뜻이기 때문에 "to receive"가 아니라 "receiving"으로 써야한다.

교정 문장 | The operator doesn't remember receiving a fax from New York.

모범 답안 The operator does not remember receiving a fax from New York.

⑪ 연습문제

I. 다음은 우리말을 영어로 옮긴 것이다. 바르지 않은 부분을 고치시오.

1. 그 사건은 밤늦게 일어났다.
The accident was occurred late at night.

---

2. 그의 친구가 사무실을 방문하였을 때 그는 영어를 공부하고 있었다.
He studied English when his friend visited his office.

---

3. 그 호텔은 그 빌딩으로부터 몇 블록 떨어져 있다.
The hotel located just few blocks from the building.

---

4. 과다 요금을 초래한 잘못에 대해 그들은 사과했다.
They apologized for the error that was resulted in an overcharge.

II. 다음을 영어로 옮기시오.

1. 만약 그의 위치에 있었더라면 나는 다르게 행동했을 텐데.

---

2. 당신의 운전 면허증은 3년간 유효합니다.

____

3. 어떤 일을 잘 하려고 하면 그 일에 정말 흥미를 가지고 있어야 한다.

____

4. 그는 나에게 한국에서 공부할 것을 제안했다.

____

12 예제

그 회의의 목적은 종업원들이 우리의 정책을 이해할 수 있도록 돕는 것이다.

번역 예(a)

The purpose of the conference is to help employees <u>can</u>(1) understand our policy.

해설

1) "to help" 다음에는 도와주는 대상 "employees"가 오면 그 다음 동사의 원형이나 부정사가 온다. 그런데 이 문장에서는 다시 "can understand"가 오기 때문에 절(clause)의 형태를 취하게 되었다. 따라서 여기서는 "can"을 빼면 "to help employees understand our policy"로 정확한 표현이 된다.

교정 문장 ❙ The purpose of the conference is to help employees understand our policy.

번역 예(b)

The purpose of the meeting is <u>assist</u>(1) <u>an employee</u>(2) <u>understand</u>(3) our policy.

해설

1) "assist" 이하가 문장 전체의 보어이기 때문에 "assist"가 보어, 즉 명사의 역할을 할 수 있도록 부정사 형태인 "to assist"나 동명사 형태인 "assist-

ing"으로 바꿔야 한다.

2) '종업원들'이므로 복수 "employees"로 표현한다.

3) "help"와 달리 "assist"의 경우 목적 보어 "understand"를 부정사 형태인 "to understand"로 써주어야 한다.

예) I helped him (to) do it.
("help"는 목적보어 다음 "to"를 써도 되고 안 써도 된다)
I assisted him to do it.
("assist"는 목적보어 다음 "to"를 써야 한다)

교정 문장 ▮ The purpose of the meeting is to assist employees to understand our policy.

> **번역 예(c)**
> **The object of conference(1) is to help employers(2) to understand our policy.**

해설

1) 여기서는 지정된 회의니까 앞에 정관사 "the"를 쓰도록 한다.

2) "종업원"은 "employer"가 아니라 "employee"이다.

교정 문장 ▮ The object of the conference is to help employees to understand our policy.

> **모범 답안** The purpose of the conference is to help employees understand our policies.

⑫ 연습문제

I. 다음은 우리말을 영어로 옮긴 것이다. 바르지 않은 부분을 고치시오.

1. 당신 대학에 대한 정보를 좀 더 보내주십시오.
Please send me more informations about your university.

____

2. 이사들은 사장이 그 계획에 동의하도록 했다.
The directors got the president agree to the plan.

____

3. 그는 신입사원이기 때문에 그 일 때문에 비난받아서는 안 된다.
For he is a newcomer, he is not to be blamed for it.

____

4. 너의 코트는 내 것과 같은 크기다.
Your coat is same size as mine.

____

5. 8월 말에 휴가를 가려고 한다.
I am going to make a vacation in late August.

____

II. 다음을 영어로 옮기시오.

1. 그는 그가 약속한 것을 너무 자주 잊어버린다.

2. 쉬운 영어로 쓰여 있어서 이 책은 초보자에게 적합하다.

3. Mary뿐만 아니라 다른 소녀들도 그 일에 책임이 없다.

4. 열 명의 대원이 탐험에서 돌아오지 못했다.

13 예제

어떤 나라를 이해하려면 그 나라의 언어를 배워야 한다.

번역 예(a)

To understand a nation, we must learn a nation's language.
1

해설

1) 앞에 한번 나온 명사니까 "the nation's"라고 하든지 아니면 "its"로 바꾸어 준다.

교정 문장 ▌To understand a nation, we must learn its language.

번역 예(b)

If you want to understand a country, you have to learn the language used in the country.
1

해설

1) "언어가 사용된다"라고 표현할 때는 동사로 "used"나 "spoken"을 사용할 수 있는데 이는 문맥에 따라 적절히 사용하도록 한다. 여기서는 "spoken"이 더 나은 표현인 것 같다. 그러나 아래 예문들 경우는 "use"를 사용한다.

예) 국제 무역에서는 영어가 주로 쓰인다.
English is widely used in international business.

또 "어떤 언어적 표현을 사용하다"라고 할 때는 "use"를 쓴다.

예) "공손한 대화에서 사용되어서는 안되는 표현"

an expression that would never be used in polite conversation

교정 문장 I If you want to understand a country, you have to learn the language spoken in the country.

번역 예(c)

We have to learn its language if we want to understand a certain country.

(its — 1)

해설

1) 이대로 써도 큰 잘못은 없으나 "a certain country"를 지시하는 대명사 "it"이 먼저 나오는 것은 그렇게 좋지 않다. 위의 문장은 순서를 바꾸어 "If we want to understand a certain country, we have to learn its language." 로 하는 것이 좋다.

교정 문장 I If we want to understand a certain country, we have to learn its language.

모범 답안	If you want to understand a nation, you must learn its language.

⑬ 연습문제

I. 다음은 우리말을 영어로 옮긴 것이다. 바르지 않은 부분을 고치시오.

1. 1960년대 말부터 서울에 고층건물들이 나타나기 시작했다.
Tall buildings began to be appeared in Seoul in the late 1960's.

____

2. 우리 부서는 한 주간의 작업 진전을 검토하기 위해 회의를 열었다.
Our section held a meeting for review the week's progress.

____

3. 나는 이야기할 사람이 필요하다.
I need someone to talk.

____

II. 다음을 영어로 옮기시오.

1. 그녀는 공원에서 그를 두 시간 기다렸다.

____

2. 사람은 인내심에 비례해서 성공한다.

____

3. 쌀뿐만 아니라 밀도 동양사람의 주식이다.

____

4. 그가 부자라는 사실은 모두에게 알려져 있다.

____

14 예제

하루는 우아하게 차려입은 남자가 유명한 보석상에 들어섰다.

번역 예(a)

One day, a man who put on(1) a(2) elegant suit entered a famous jewel store(3).

해설

1) 이전에는 "wear"와 "put on"의 용법을 구별하였다. 즉 "wear"는 옷을 입은 상태, "put on"은 옷을 입는 동작을 의미할 때 사용되었다.

예) She is putting on a beautiful dress. (옷을 입는 동작)
She is wearing a beautiful dress. (옷을 입은 상태)

이런 구분에 따른다면 여기서는 옷을 입은 상태를 말하기 때문에 "put on"이 아니라 "wear"를 써야한다. 그러나 이런 구분은 현대 영어에서는 그렇게 엄격하게 지켜지고 있는 것 같지는 않다. 그러나 위의 두 동사를 구별하는 문제가 혹시 나오면 위의 설명을 참고해서 답을 하기 바란다.
그리고 참고로 아침에 잠자리에서 일어나서 옷을 입을 때는 "get dressed" 자기 전에 옷을 벗을 때는 "get undressed"라고 표현한다.
2) 뒤에 나오는 "elegant"가 모음으로 시작하니까 "an"을 써야한다.
3) "보석상"은 "jewelry store(shop)"이다.

교정 문장 I One day, a man who wore an elegant suit entered a famous

jewelry store.

번역 예(b)

One day, a man who was <u>elegant</u>[1] dressed entered <u>in</u>[2] the famous jewelry shop.

해설

1) "dressed"를 꾸며주는 말이기 때문에 부사인 "elegantly"로 써야한다.

2) "enter"는 타동사로 전치사 "in"이 필요 없다.

교정 문장 I One day, a man who was elegantly dressed entered the famous jewelry shop.

번역 예(c)

One day, a man who was dressed elegantly entered <u>into</u>[1] a famous jewelry shop.

해설

1) 역시 "enter"는 타동사로 전치사 "into"가 필요 없다.

교정 문장 I One day, a man who was dressed elegantly entered a famous jewelry shop.

모범 답안 An elegantly dressed man entered a famous jewelry shop one day.

⑭ 연습문제

I. 다음은 우리말을 영어로 옮긴 것이다. 바르지 않은 부분을 고치시오.

1. 이 답이 맞는지 아닌지 모르겠다.
I don't know that answer is correct or not.

____

2. 이 대학으로 편입하기 전에 나는 USC에서 공부했다.
I used to studying at the University of Southern California before I transferred to this university.

____

3. 수집된 6000통의 편지 중 삼분의 일은 이곳에 거주하는 가족들에게 발송되었다.
Of the 6000 letters collected, one-third was mailed to the families residing here.

____

II. 다음을 영어로 옮기시오.

1. 그는 모임에서 잘 말을 안하지만 말을 했다하면 조리있게 말한다.

____

2. 나는 당연히 네가 도와줄 줄 알았다.

---

3. 이 책은 단순한 문체로 쓰여 있어 누구든 읽을 수 있다.

---

4. 그는 파이프를 문 채 신문을 읽고 있었다.

---

5. 나는 지도 없이 그 마을에 도착하는 것이 어렵다는 것을 알았다.

---

6. 우리나라는 천연자원이 부족하기 때문에 우리들은 열심히 일해야 한다.

---

15 예제

출발시각 한 시간 전에 공항에 도착하세요.

번역 예(a)

Please arrive at the airport <u>before one hour of</u> <u>starting time</u>.
1 2

해설

1) 예를 들어 "수업 시작 한 시간 전에"라는 표현은 "one hour before the class begins" 또는 "one hour before the class"로 표현한다. 마찬가지로 "수업이 시작한 지 두 시간 후"라는 표현은 "two hours after the class begins"로 표현한다. 따라서 여기서도 "one hour before~"로 해주어야 한다.
2) 비행기나 기차의 출발시각은 보통 "departure (time)"으로 표현한다.

교정 문장 ▮ Please arrive at the airport one hour before departure time.

번역 예(b)

Be sure to arrive <u>on</u> <u>airport</u> one hour prior to the airplane's
1 2

departure.

해설

1) "장소에 도착하다"는 "arrive at(in)"으로 표현한다.
2) 여기서는 지정된 공항을 의미하므로 정관사를 써주어 "the airport"로 한다.

교정 문장 ▌ Be sure to arrive at the airport one hour before the airplane's departure.

모범 답안	Please be at the airport one hour before departure time.

⑮ 연습문제

I. 다음은 우리말을 영어로 옮긴 것이다. 바르지 않은 부분을 고치시오.

1. Mary는 LA에서 자랐지만 대학은 뉴욕으로 갔다.
Mary was grown up in LA, but she went to college in NY.

---

2. 그녀는 이미 시험을 쳤죠, 그렇죠?
She's taken the test, isn't she?

---

3. 이 회사 그리고 기업은 일반적으로 사회에 대한 책임을 가지고 있다.
This company, along with the business in general, has a duty to society.

---

4. 우리는 시카고 은행으로부터 돈을 빌리려고 한다.
We are going to lend the money from Chicago Bank.

II. 다음을 영어로 옮기시오.

1. 시간보다 소중한 것도 없지만 시간만큼 소중하게 여겨지지 않는 것도 없다.

2. 너의 생각은 좋지만 유감스럽게도 그것을 실행에 옮기기는 거의 불가능하다.

3. 나의 성공은 전적으로 그의 덕택이다.

4. 수학이나 물리를 잘하는 학생이 반드시 위대한 과학자가 된다고 말할 수는 없다.

5. 어떤 사람이 있는 데서 그의 결점을 지적하는 것은 어려운 일이다.

6. 늦어서 미안합니다. 오래 기다리셨나요?

16 예제

내가 말하고 싶은 것은 정부가 좀 더 학술 연구에 돈을 써야 한다는 것이다.

번역 예(a)

What I would like to speak(1) is that the government spent(2) a lot of the money(3) for(4) academic research.

해설

1) "어떤 내용을 말하다"라고 표현할 때는 동사 "speak"가 아니라 "tell"이나 "say"를 쓴다. "speak"는 어떤 언어를 말하거나 혹은 목적어로 내용이 언급되지 않을 때 쓴다.

예) He can speak English.
Don't speak with your mouth full.

2) "돈을 써야 한다"는 주장이나 당위를 말하므로 "should spend"로 써야 한다.
3) "money"는 셀 수 없는 명사이므로 앞에 관사를 붙이지 않는다.
4) "무엇에 돈을 쓴다"는 "spend on"으로 표현한다. 따라서 "for"를 "on"으로 고쳐준다.

교정 문장 I What I would like to say is that the government should spend a lot of money on academic research.

번역 예(b)

The argument I am making that the government should spend
1

more much money on the academic research.
2 3

해설

1) "The argument I am making"이 주어이므로 그 다음 동사 "is"가 와야 한다.

2) 순서는 "more much"가 아니라 "much more"가 맞다. 즉, 비교급으로 표현된 "more money"는 "much"로 수식한다.

3) "research" 역시 관사를 쓰지 않는다.

교정 문장 ▮ The argument I am making is that the government should spend much more money on academic research.

번역 예(c)

I would like to say that the government should invest more money for science study.
1 2

해설

1) "무엇에 투자하다"로 표현해서 "invest"라는 동사를 쓰려면 "invest in"을 써야 한다. 따라서 여기서는 "for" 대신 "in"으로 바꾸어준다.

2) "science study"는 "학술 연구" 보다는 "과학 연구"라는 의미이다.

교정 문장 ▮ I would like to say that the government should invest more money in academic research.

모범 답안 What I want to say is that the government should spend more money on academic research.

⑯ 연습문제

I. 다음은 우리말을 영어로 옮긴 것이다. 바르지 않은 부분을 고치시오.

1. 집으로 갑시다.
Let's go home, don't we?

---

2. 우리는 그 손님이 대금을 곧 지불하도록 요구했다.
We asked that the customer pays his bill immediately.

---

3. 이 테이블은 10시에 도착하기로 되어 있는 8명의 손님을 위해 예약되었습니다.
This table is reserved for a party of eight who will expect to arrive at 10.

II. 다음을 영어로 옮기시오.

1. 젊은이가 복잡한 버스에서 노인에게 자리를 양보하는 것은 당연한 일이다.

---

2. 인생이란 무거운 짐을 지고 먼 길을 가는 것과 같다고 한다.

____

3. 그 회사는 종업원들의 안전에는 전혀 무관심해 보였다.

____

4. 나를 변호사로 만드는 것이 부친의 유일한 소원이었다.

____

5. 통화 중입니다. 끊지 않고 기다리시겠습니까 아니면 다시 전화하시겠습니까?

____

17 예제

나이가 들수록 외국어를 배우는 것이 힘들어진다. 그러므로 외국어는 되도록 일찍 배워야 한다.

번역 예(a)

As we grow older, we become difficult[1] to learn foreign language.[2] Therefore, foreign language[3] have to learn[4] as early as possible.

해설

1) 우리가 어려워지는 것이 아니라 외국어를 배우는 것이 우리에게 어려워지는 것이므로 이 부분은 "it(=to learn a foreign language) becomes more difficult for us …"로 번역해야 한다.

2) "foreign language"는 셀 수 있는 명사이므로 "a foreign language"나 "foreign languages"로 해준다. 물론 여기서는 어떤 특정한 외국어를 의미하는 것은 아니므로 "the foreign language"는 곤란하다.

3) 앞과 마찬가지로 "foreign language"는 셀 수 있는 명사이므로 "a foreign language"나 "foreign languages"로 해준다.

4) "a foreign language"가 주어이므로 이 부분은 수동태로 표현되어야 한다. 따라서 "have to be learned"로 되어야 한다.

교정 문장 ▮ As we grow older, it becomes more difficult to learn foreign languages. Therefore, foreign languages have to be learned as early as possible.

번역 예(b)

The older we are, the harder we learn a foreign language. (1)

Therefore, we have to learn it as soon as possible. (2)

해설

1) 이 부분은 원래 "We learn a foreign language hard."를 "the+비교급" 형태로 만든 것인데 앞의 "We learn a foreign language hard."는 "우리는 외국어를 열심히 배운다."라는 의미이지 "외국어를 배우는 것이 어렵다"는 말이 아니다. 따라서 이 부분은 "the harder it becomes to learn a foreign language"로 고쳐주어야 한다.

2) "as soon as possible"는 우리말로는 "가능한 빨리"로 번역되지만 이것은 미래를 의미하는 표현이다. 여기서는 "가능한 한 일찍, 어린 시절에"라는 의미이므로 "as early as possible"이 좋은 표현이다.

교정 문장 ▮ The older we are, the harder it becomes to learn a foreign language. Therefore, we have to learn it as early as possible.

번역 예(c)

A foreign language is harder to learn as become older. So, we (1)

should learn a foreign language as early as possible. (2)

해설

1) "as" 다음에 문장이 오면서 주어가 빠졌다. 일반적 주어로 "we" 같은 것을 넣어 "… as we become older"로 표현해야 한다.

2) 앞에 한번 나왔으니 대명사 "it"으로 표시한다.

교정 문장 ▌ A foreign language is harder to learn as we become older. So, we should learn it as early as possible.

모범 답안 The older we grow(get), the more difficult it becomes to learn foreign languages. So, we have to begin to study them as early as possible.

17 연습문제

I. 다음을 영어로 옮기시오.

1. 대부분의 한국인은 토요일에 일한다.

____

2. 나는 그녀가 거리로 뛰쳐나가는 것을 막아야 했다.

____

3. 적어도 적군 4명이 사살되었고 나머지는 도망쳤다.

____

4. 그녀는 테이블에 팔꿈치를 기댄 채 앉아 있었다.

____

5. 여름 방학 동안 그는 시골에 사는 친척들을 방문하였다.

____

6. 18세기 건축에 관한 책을 어디서 찾을 수 있는지 알려 주시겠습니까?

____

18 예제

학생들은 그들이 배운 것이 실제 상황에서 곧 적용될 수 있는 것이었다고 보고했다.

번역 예(a)

The students reported that they learned[1] could apply to[2] practically at once.

해설

1) "그들이 배운 것"은 "what they learned"로 번역해야 한다.

예) 우리가 가진 것 "what we got"
그가 알고 있는 것 "what he knows"

2) "적용되다"이니까 수동태로 표현해서 "could be applied"로 해 주어야 한다.

3) "A를 B에 적용하다"는 "apply A to B"이다. 그런데 아래 예에서처럼 무엇에 적용되는지가 명시되지 않은 경우 "to"는 쓰지 않는다.

예) New technology is being applied to almost every industrial process. (적용되는 대상이 명시된 경우)
New technology is being applied widely.
(적용되는 대상이 명시되지 않는 경우)

교정 문장 ▮ The students reported that what they learned could be applied practically at once.

번역 예(b)

The students reported that they acquired knowledge directly apply to practical situations.
(1: apply)

해설

1) 여기서 "knowledge" 이하는 "knowledge"를 수식하는 형태, 즉 "knowledge (which was) directly applicable to practical situations"이므로 "apply"는 "applicable" 고쳐주면 된다.

교정 문장 ❙ The students reported that they acquired knowledge directly applicable to practical situations.

번역 예(c)

Students reported that their learning could be apply to practical situations immediately.
(1: apply)

해설

1) 앞에 "could be"로 나왔으니 수동태로 표현하려 한 것이다. 따라서 과거분사 "applied"로 바꾸어 주어야 한다.

교정 문장 ❙ Students reported that their learning could be applied to practical situations immediately.

모범 답안 Students reported that what they learned was immediately applicable to their own work situations.

⑱ 연습문제

I. 다음은 우리말을 영어로 옮긴 것이다. 바르지 않은 부분을 고치시오.

1. Mary와 나는 같은 대학에 다녔다.
Mary and I went to same university.

____

2. 다른 직장을 잡을 때까지 그 직장을 떠나지 않는 것이 좋겠다.
You had better don't quit the job until you find another one.

____

3. 그는 돈 많은 여자와 결혼하려고 한다.
He wants to marry with a rich woman.

____

4. 트럭을 이용한 상품 수송비용이 가솔린 가격과 더불어 올랐다.
The cost of transporting goods by truck was risen with the price of gasoline.

____

II. 다음을 영어로 옮기시오.

1. 간단히 말해서 그 법은 고용주가 종업원들을 그들의 인종, 성, 종교, 국적에 관계없이 고용하고 승진시켜야 한다는 것을 의미한다.

____

2. 일기예보에서는 내일 추워질 것이라 한다.

____

3. 모든 종업원들은 서로 다른 부서에 속해 있더라도 서로서로 도와야 한다.

____

4. 우리 팀 전체가 필드로 걸어 나갔다.

____

19 예제

많은 회사들이 고객과 구매자들과의 의사소통에 사용하기 위해 컴퓨터 전산망을 사용한다.

번역 예(a)

Many companies use <u>a computer network</u>(1) as <u>means</u>(2) of communication <u>of</u>(3) customers and purchasers.

해설

1) 여기서는 문맥상 복수형태를 써주는 것이 좋다. 따라서 "computer networks"로 한다.

2) "means"는 형태는 복수이지만 단수로 취급한다. 따라서 앞에 부정관사 "a"를 붙어주어야 한다.

3) "누구와 의사소통을 하다"라고 할 때는 "communicate with"이다. 그리고 명사형태인 "communication"을 쓰더라도 전치사는 그대로 "with"를 쓴다.

교정 문장 I Many companies use computer networks as a means of communication with customers and purchasers.

번역 예(b)

Many a company <u>use</u>(1) computer networks to <u>communication between</u>(2) customers and purchasers.

해설

1) "many a"를 쓸 경우 그 다음 명사와 동사는 단수 형태를 취한다. 따라서 "use"도 "uses"로 해야 한다.
2) 여기서 "고객이나 구매자와 의사소통을 하기 위해"라고 표현하려면 "to communicate with"라고 표현해 주어야 하고 "고객과 구매자 사이의 의사소통을 위해서"라고 표현하려면 "help(facilitate, enhance) communication between"으로 해야 한다.

교정 문장 ▮ Many a company uses computer networks to communicate with customers and purchasers.

> **번역 예(c)**
> **Many companies <u>are make use of</u>[1] computer networks to communicate with clients and purchasers.**

해설

1) "are make use of"는 맞지 않는 시제 표현이다. "are making use of"로 바꾸어야 한다.

교정 문장 ▮ Many companies are making use of computer networks to communicate with clients and purchasers.

> **번역 예(d)**
> **There are many companies <u>use</u>[1] computer networks to <u>communicate</u>[2] their customers and buyers.**

해설

1) 원래 "There are many companies which are using ..."에서 "which are" 즉, 관계대명사와 be-동사가 생략된 것이니까 "using"으로 표현해야 한다.

2) "고객이나 구매자와 의사소통을 하기 위해"라고 표현하려면 "communicate with"라고 해야 한다.

교정 문장 ▌ There are many companies using computer networks to communicate with their customers and buyers.

모범 답안 Many companies use computer networks to communicate with buyers and clients.

⑲ 연습문제

I. 다음은 우리말을 영어로 옮긴 것이다. 바르지 않은 부분을 고치시오.

1. 그 넓은 방에는 가구가 별로 없다.
The spacious room has small furnitures.

____

2. 이 섬의 기후는 온화하다.
The weather of this island is mild.

____

3. 그 지배인은 60대이지만 훨씬 젊어 보인다.
Although the manager is in his sixties, he looks like much younger.

____

4. 의장 자리에 앉아 있는 사람이 Mr. Kim이다.
The man seating at the chairman's table is Mr. Kim.

____

5. 학생들은 이야기를 계속하고 싶어했다.
The students have interested in continuing the talk.

____

II. 다음을 영어로 옮기시오.

1. 30세 미만의 남자로서 영어에 능통한 사람을 구함.

2. 그녀가 집에 돌아오면 John이라는 사람이 만나러 집에 왔었다고 전해주세요.

20 예제

매혹적인 디스플레이는 고객들로 하여금 우리 제품을 사도록 유도한다.

번역 예(a)

Attractively display lead customers to buying our goods.
(1: Attractively display, 2: lead, 3: buying)

해설

1) 우선 "attractively"는 명사 "display"를 수식하기 때문에 "attractive"로 바꿔야 한다. 또 "display"는 가산 명사이다. 따라서 관사 "an"을 앞에 써서 "An attractive display"로 고쳐주어야 한다.

2) 주어가 단수이므로 동사는 "leads"로 해준다.

3) 부정사 형태이니까 "buy"는 원형을 쓴다.

교정 문장 ▌ An attractive display leads customers to buy our goods.

번역 예(b)

A charming display leads a customer buy our goods.
(1: charming, 2: a customer, 3: buy)

해설

1) "charming"은 틀린 단어는 아니지만 구식(old-fashioned)단어의 느낌을 준다. "attractive"가 보다 적절한 단어이다.

2) "고객들"이므로 복수 형태인 "customers"로 해준다.

3) "lead" 다음에 동사를 쓸 때는 부정사인 "to lead"를 쓴다.

교정 문장 ▮ An attractive display leads customers to buy our goods.

번역 예(c)
Attractive display(1) encourages customers buy(2) the products that were manufactured in(3) our company.

해설

1) 앞에서 설명한대로 "display"는 가산 명사이다. 따라서 관사 "an"을 써야 한다.
2) "encourage" 다음에는 부정사를 써준다. 따라서 "buy"가 아니라 "to buy"로 해준다.
참고 : "encourage" 다음에는 부정사를 쓰지만 "discourage" 다음에는 동명사를 쓴다.

예) We should encourage students to study harder.
We should discourage students from smoking.

이와 비슷하게 "like"의 목적어로는 부정사나 동명사를 쓰지만 "dislike" 다음에는 동명사만 쓴다.

예) I like to play the piano.
I like playing the piano.
I dislike playing the piano.

3) "우리회사 제품"이라고 할 때 "in"도 틀린 표현은 아니지만 "by"가 더

나은 단어이다.

교정 문장 ❙ An attractive display encourages customers to buy the products that were manufactured by our company.

모범 답안 An attractive display is one thing that encourages customers to buy our products.

20 연습문제

I. 다음은 우리말을 영어로 옮긴 것이다. 바르지 않은 부분을 고치시오.

1. 그녀도 동의하지 않고 나도 그렇다.
She is not in agreement, and neither do I.

____

2. 그는 3층으로 가는 엘리베이터를 탔다.
He took the elevator to the third story.

____

3. 사장은 뉴욕에 가려는 그의 계획에 대해 나에게 이야기했다.
The president told to me about his plan to go to New York.

____

4. 나는 오후 회의에 참석하라는 이야기를 상사로부터 들었다.
I was told to attend at the afternoon conference by my boss.

____

II. 다음을 영어로 옮기시오.

1. 그 문제에 대해 그가 취했던 모호한 태도에 대한 설명은 결코 만족스럽지 못했다.

2. 손님들 중 절반만이 7시까지 도착하였다.

3. Larry는 우리가 선물을 주었을 때 진정 행복해 보였다.

4. 나는 미혼이지만 우리 사무실의 다른 분들은 모두 결혼했다.

21 예제

다음주로 예정된 회의는 연기되었다.

번역 예(a)

The conference is(1) scheduled to(2) next week is postpone(3).

해설

1) 이대로 두면 한 문장에 두 개의 동사가 나오는 셈이다. "다음 주로 예정된 회의"이니까 관계대명사로 연결시켜야 한다. 따라서 이 부분을 "which is"로 바꾸어 준다.

2) 여기서 전치사는 "for"를 써주는 것이 좋다.

3) "연기되었다"는 수동이니까 "postponed"로 해준다.

교정 문장 I The conference which is scheduled for next week is postponed.

번역 예(b)

A meeting(1) that is to be held next week is postponed.

해설

1) 다음주로 이미 예정된 회의이니까 정관사 "the"를 써주도록 한다.

교정 문장 I The meeting that is to be held next week is postponed.

번역 예(c)
The planned meeting for next week is delayed.
1 2

해설

1) 단어 순서는 "The meeting planned"로 해주는 것이 좋다.
2) "delayed"와 "postponed"는 의미가 다르다. "delayed"는 "지연되었다"는 의미이고 "postponed"는 "연기되었다" 참고로 "cancelled"는 완전히 취소되었음을 의미한다.

예) The arrival of planes was delayed. (비행기의 도착이 지연되었다. 즉, 비행기가 연착되었다.)
The meeting was postponed. (모임이 연기되었다.)
The meeting was cancelled. (모임이 취소되었다.)

교정 문장 | The meeting planned for next week is postponed.

모범 답안 The conference that is scheduled for next week has been postponed.

21 연습문제

I. 다음은 우리말을 영어로 옮긴 것이다. 바르지 않은 부분을 고치시오.

1. 나도 그 일이 걱정되고 그도 마찬가지다.
I am worried about it, and also is he.

____

2. 너는 거만 떨지 않는 것이 좋겠다.
You had better not put on air.

____

3. 매일 오후에 차를 드십니까?
Would you like to have tea every afternoon?

____

II. 다음을 영어로 옮기시오.

1. 물리와 생물 중에서 어떤 것을 더 좋아합니까?

____

2. 재미있기만 하면 어떤 책도 좋다.

____

3. 집에 도착하자마자 비가 내리기 시작했다.

4. 목이 몹시 마르니 마실것 좀 주세요.

5. 그것을 좀 더 자세히 조사해 보면 그 사실을 알게 될 것이다.

6. 차가 너무 많기 때문에 공기가 오염되는 것은 당연하다.

22 예제

신문을 읽지 않거나 라디오를 듣지 않으면 시대에 뒤떨어지게 된다.

번역 예(a)
If you don't read a newspaper(1) or listen to the radio, you will be behind the time(2).

해설

1) 신문 한 장만 읽는 것이 아니므로 "newspapers"로 해준다.
2) "시대에 뒤떨어진다"는 "behind the times"로 표현한다.

교정 문장 ▌ If you don't read newspapers or listen to the radio, you will be behind the times.

번역 예(b)
If you are not reading newspapers or not(1) hearing(2) the radio, you will be behind the times.

해설

1) 여기서 "not"은 중복해서 쓸 필요가 없다.
2) "라디오를 듣다"는 관심을 가지고 듣는 것이므로 "listening to"로 표현해야한다.

참고 : "see"나 "hear"는 특별히 보거나 들으려고 하는 의도가 없을 때 쓰는 표현이고 특별히 관심을 가지고 보거나 들으려고 할 때는 "watch"와 "listen to"를 쓴다.

예) I saw many beautiful lakes there. (그냥 눈앞에 있는 호수를 보다.)
I heard him crying. (우연히 그가 우는 소리를 듣다.)
I watched the man climb the wall. (관심을 가지고 사람이 담을 넘는 것을 보다.
I was listening to the news. (귀를 기울여 뉴스를 듣다.)

교정 문장 ▮ If you are not reading newspapers or listening to the radio, you will be behind the times.

모범 답안 If we do not read newspapers or listen to the radio, we will be behind the times.

22 연습문제

I. 다음은 우리말을 영어로 옮긴 것이다. 바르지 않은 부분을 고치시오.

1. 나를 걱정시키는 것은 핵폭발 사고의 가능성이다.
What worries about me is the possibility of a nuclear accident.

____

2. 나는 동생이 둘 있는데 한 명은 서울에 살고 다른 한 명은 부산에 산다.
I have two brothers; one is Seoul and another is in Busan.

____

II. 다음을 영어로 옮기시오.

1. 테이블이 어떤 모양인가요, 둥근가요 아니면 타원형인가요?

____

2. 대학 때 나는 그녀와 함께 방을 사용하였다.

____

3. 국립공원에 들어가려면 입장료를 내야 합니다.

____

4. Margaret은 그 비난에 대해 결백하다고 주장한다.

5. 하키와 축구는 많은 면에 있어 비슷하다.

6. 아이스크림과 다른 냉동 식품들은 다음 통로에 있습니다.

7. 유전공학 회사에 대한 투자가 작년에는 약간 줄었다.

8. 나는 지워진 데이터를 복구시킬 수가 없었다.

23 예제

오늘날 출간되는 수많은 책 중에서 읽을 만한 가치가 있는 것은 거의 없다.

번역 예(a)
Among the books which is(1) published currently, they(2) that have value of reading(3) are few.

해설

1) "books"과 수에 있어 일치되어야 하므로 "are"로 고친다.
2) 앞의 "books"를 받을 경우 "those"로 받는다.
3) "have value of reading"은 적절치 않은 표현이다. "are worth reading"이나 "have reading value"로 고쳐준다.

교정 문장 Ⅰ Among the books which are published currently, those that are worth reading are few.

번역 예(b)
Among of(1) the books published these days, few books(2) worth(3) reading.

해설

1) 여기서 "of"는 불필요하다.

2) “books”는 앞에서 이미 나왔으니 대명사를 써서 “few of them”으로 표현하는 것이 좋다.

3) “worth”는 형용사이므로 앞에 be-동사 “are”가 있어야 한다.

교정 문장 ▮ Among the books published these days, few of them are worth reading.

번역 예(c)

There are few books which are worth <u>of</u>(1) reading among the <u>many books these days</u>(2).

해설

1) “be worth” 다음에는 “of” 없이 바로 “-ing” 형태를 쓴다.

예) The book is worth reading. (○)
The book is worth of reading. (×)

2) “요새 출간되는 책”이라고 하려면 “many books published these days”로 해주어야 한다.

교정 문장 ▮ There are few books which are worth reading among the many books published these days. (이 교정 문장은 원문을 살려 교정하다보니 다소 자연스럽지 못하다.)

모범 답안 Of the numerous books published these days, very few are worth reading.

23 연습문제

I. 다음은 우리말을 영어로 옮긴 것이다. 바르지 않은 부분을 고치시오.

1. 시험에 부정행위를 한 사람은 교실을 떠나야 한다.
The people which cheated on the examination had to leave the room.

---

2. 그는 내가 그곳에 가는 것을 승낙했다.
He approved my going there.

---

3. 그는 시골에 사는 것에 익숙했다.
He was used to live in the country.

II. 다음을 영어로 옮기시오.

1. 당신이 이 문제를 조사관과 상의할 것을 제안합니다.

---

2. Intersystem 회사의 해외매출은 1990년과 1995년 사이에 21% 증가하였다.

---

3. 나는 그 사건이 일어난 것이 7월 1일경이라 믿습니다.

4. 빨간색 지역에 주차한 사람은 누구든지 주차위반 딱지를 받습니다.

5. 짐을 좌석 아래나 머리 위 소화물 칸에 넣으세요.

6. 다음 달까지 20달러를 빌려주실 수 있습니까?

7. 그 약이 효과적이라는 것을 증명하기 위해 과학자들은 많은 실험을 하였다.

24 예제

지난주 당신에게서 빌린 잡지를 아직 다 읽지 못했습니다.

번역 예(a)

I did not finish(1) to read(2) the magazine which borrowed to(3) you last week.

해설

1) "아직 읽지 못했다"의 의미는 완료형으로 표현한다. 따라서 "haven't"로 고치도록 한다. "haven't" 고치면 당연히 뒤의 "finish"도 "finished"로 고쳐야 한다.

2) "finish"는 동명사를 목적어로 쓴다. 따라서 "to read"가 아니라 "reading"으로 해야 한다.

3) 관계대명사 다음에 동사가 오기 때문에 관계대명사의 격은 주격이다. 이럴 경우 "which"가 지시하는 "magazine"이 무엇을 직접 빌린다는 표현이 된다. 따라서 "which" 이하는 "which I borrowed from you"로 표현하여야 한다.

교정 문장 I I haven't finished reading the magazine which I borrowed from you last week.

I haven't read the magazine which was borrowed from you last week.

번역 예(b)

I did not read(1) yet the magazine which was borrowed you(2) last week.

해설

1) 여기서도 "아직 읽지 못했다"는 완료형으로 표현한다. 따라서 이 부분도 "haven't read"로 고치도록 한다. 그럴 경우 "yet"의 위치는 "haven't"와 "read" 사이이다. 그리고 "yet" 대신 "still"을 쓰는 것도 좋다.
2) "무엇을 누구로부터 빌린다"는 "borrow something from someone"이다. 따라서 "from"을 넣어 "borrowed from you"로 고치도록 한다.

교정 문장 ❙ I haven't yet read the magazine which was borrowed from you last week.
I still haven't read the magazine which was borrowed from you last week.

번역 예(c)
I haven't read the magazine which you lent it to me last week

(it: 1, to: 2)

해설

1) "borrow" 대신 "lend" 동사를 사용하였다. "lend" 동사를 사용한 것은 무방하나 관계대명사절 속의 "lend it to me last week"에서 "it"은 "that magazine"와 중복되는 단어이기 때문에 빼야 한다.
2) 앞의 "it"을 빼는 경우 "to"를 쓰지 않는 것이 더 자연스러운 표현이다.

교정 문장 ❙ I haven't read the magazine that you lent me last week.

모범 답안 I haven't finished reading the magazine that I borrowed from you last week.

24 연습문제

I. 다음은 우리말을 영어로 옮긴 것이다. 바르지 않은 부분을 고치시오.

1. 2번 라인에 통화하려고 하는 분이 있습니다.
There is someone on line 2 which would like to speak with you.

---

2. 직사광선에 노출되지 않는 곳에 그것을 보관하세요.
Be sure to keep the product where it is not exposure to the direct sunlight.

---

3. 그 주차 공간은 방문객들을 위해 개방되어 있다.
The parking space is leaving open for visitors.

II. 다음을 영어로 옮기시오.

1. 올해는 평년보다 겨울이 훨씬 따뜻하다.

---

2. 스키하러 갔던 사람들이 눈이 적은 것에 실망해서 되돌아왔다.

---

3. 그 아파트는 홀을 사이에 두고 두 개의 방이 있다.

____

4. 새로운 전철 때문에 직장까지 통근이 쉬워졌다.

____

5. 우리는 10월에 많은 고전음악 연주회에 갔다.

____

6. 그는 두 형제가 있는데 둘 다 비행기 조종사이다.

____

25 예제

생각하지 않으면서 독서하는 것은 마치 음식을 씹지 않고 먹는 것과 같다.

번역 예(a)

Reading without thinking is <u>as if</u>(1) eating <u>a food</u>(2) without chewing.

해설

1) "as if"은 우리말로는 "마치 무엇처럼"으로 해석되기는 하지만 여기서 말하는 "무엇과 같다"는 표현으로 쓰지는 않는다. 여기서 "무엇과 같다"는 "like"나 "the same as"로 표현한다.

2) "food"는 셀 수 없는 명사이므로 관사를 쓰지 않는다.

교정 문장 ▎Reading without thinking is like eating food without chewing.

번역 예(b)

<u>A reading</u>(1) without thinking is <u>no more a reading than eating</u>(2) without <u>a chewing</u>(3) is eating.

해설

1) "reading"은 동명사이기 때문에 관사를 쓰지 않는다.

2) "no more … than"의 표현을 쓰고 있다. 그러나 이 문장은 "no more … than"의 숙어를 사용하여 표현하기는 곤란한 문장이다. 즉 "no more … than"은 "A whale is no more fish than a horse is."의 문장에서 보듯

이 “A가 C가 아닌 것은 B가 C가 아닌 것과 같다(즉, A, B 둘 다 C가 아니다)”라는 표현을 할 때 사용된다. 그러나 위의 문장은 “A는 B가 아닌 것은 C는 D가 아닌 것과 같다”라는 표현이다. 따라서 결론적으로 “no more … than” 대신 위에서 말한 “like”나 “the same as”의 표현을 쓰는 것이 좋겠다.

3) “chewing” 역시 동명사이기 때문에 관사를 쓰지 않는다.

교정 문장 I Reading without thinking is like eating without chewing.

> **번역 예(c)**
> **If you are not thinking when you are reading**[1], **it will like**[2] **eating food without chewing.**

해설

1) “think”는 특별한 경우를 제외하고는 진행형으로 쓰지 않는다. 따라서 이 부분은 “If you don’t think when you read”로 해준다.

2) “~와 같다”의 의미로 쓰일 때의 “like”는 반드시 “be”동사와 같이 써야 한다.

예) He likes a fool. (그는 바보를 좋아한다.)
He is like a fool. (그는 바보 같다.)

교정 문장 I If you don’t think when you read, it will be like eating food without chewing.

> **모범 답안** Reading without thinking is much the same as eating without chewing.

25 연습문제

I. 다음은 우리말을 영어로 옮긴 것이다. 바르지 않은 부분을 고치시오.

1. Homecoming Queen으로 뽑힌 소녀를 만났습니까?
Did you meet the girl whom was chosen Homecoming Queen?

____

2. 세계 평화에 크게 기여한 사람은 Bertrand Russel이다.
The man made a great contribution to world peace is Bertrand Russel.

____

3. 급하게 쓰여졌기 때문에 이 책에는 잘못된 점이 많다.
Writing in haste, the book has many faults.

____

4. 당신 대학 물리학과에서 사람을 뽑는지 알고 싶어 편지를 씁니다.
I am writing to inquire that your university has any openings in the Physics department.

____

II. 다음을 영어로 옮기시오.

1. 때때로 외래어를 추방하고 그들을 잘 쓰이지 않게 된 모국어 단어로 대체하려는 노력이 있었다.

---

2. 몇 페이지만 읽으면 이 책이 정말 좋은 책임을 알 수 있을 것이다.

---

3. 여기서 시청까지 걸어서 얼마나 걸릴 것이라 생각합니까?

---

4. 나는 영국 사회가 장차 어떤 상태가 될지 정확한 개념을 가지고 있지 않다.

---

26 예제

10월 17일자 편지 잘 받았습니다. 우리는 이미 우리회사에 대한 정보를 귀사에 보냈습니다.

번역 예(a)

We have well received your letter of October 17. We have already answered information about our company to you.

(1: well, 2: answered, 3: information)

해설

1) 우리말로는 "잘 받았습니다"지만 영어로 옮길 때 여기 있는 "well"은 어색하면서도 불필요한 표현이다. 즉, 우리말의 의례적인 인사에 해당하는 말이므로 "well"을 빼주거나 아니면 "We were pleased to receive your letter of October 17."이나 "Thank you for your letter of October 17." 등으로 표현해 준다.

2) "answer"와 "information"은 의미상 어울리지 않는 동사와 목적어이다. 즉, "answer" 뒤에 쓰일 수 있는 목적어는 대답을 요구하는 것, 예를 들어 "question" 같은 단어가 되어야 한다. 따라서 "answer" 대신 여기서는 "보내다"의 의미를 가진 "send"를 쓴다.

교정 문장 I We have received your letter of October 17. We have already sent information about our company to you.

번역 예(b)

We received the letter dated October 17. We already sent you an

(1: an)

information <u>of</u> our company.
2

해설

1) "information"은 무관사로 쓴다.

2) "무엇에 관한 정보"라고 표현 할 때는 "information" 다음에 "about"이나 "regarding"을 쓴다.

교정 문장 ▮ We received the letter dated October 17. We already sent you information about our company.

번역 예(c)
We received <u>the letter which is written on October 17.</u> We already
1
mailed some information about our company to your company.

해설

1) 이 표현은 "10월 17일에 쓴 편지"라는 의미이므로 "10월 17일자 편지"와는 의미가 같을 수도 있고 다를 수도 있다. 즉 10월 17일날 써서 그날 날짜로 붙인 경우는 10월 17일자 편지가 될 수도 있겠지만 아무래도 어색한 표현이다. 가장 단순하면서도 많이 쓰는 표현은 "your letter of October 17"이다.

교정 문장 ▮ We received your letter of October 17. We already mailed some information about our company to your company.

모범 답안 We were pleased to receive your letter of October 17. We have already sent information regarding our company to you.

26 연습문제

I. 두 문장이 같은 뜻이 되도록 빈칸을 메우시오.

1. When I see it, I think of your father.
= It (   ) me of your father.

2. I have a map that marks political boundaries
= I have a map (   ) political boundaries.

3. He rode away. He whistled as he went.
= He rode away (   ).

4. On investigation, some new facts have come to light.
= Investigation has (   ) some new facts.

5. As the day was fine, we decided to go swimming.
= The day (   )(   ), we decided to go swimming.

6. She entered. She was accompanied by her mother.
= She entered, (   ) by her mother.

7. I could not come on account of the busy schedule.
= The busy schedule (   ) me (   ) coming.

8. The case was too heavy for a child to carry.
= The case was too heavy (   ) (   ) (   ) by a child.

9. If you walk for five minutes, you will get to the station.
= (　　　) (　　　) (　　　) will bring you to the station.

II. 다음을 영어로 옮기시오.

1. 그는 나머지 거리는 버스를 타고 갔다.

---

2. 이 오래된 장난감들을 없애야 할 때이다.

---

27 예제

승객들은 이어폰을 쓰지 않은 채 라디오나 다른 전자 제품을 틀어서는 안됩니다.

번역 예(a)

Passengers shouldn't turn on <u>a radio</u>(1) or other electronic <u>appliance</u>(2) without <u>wear</u>(3) earphones.

해설

1) 자기 라디오를 듣는 것이니까 "a radio" 보다는 "the radio"를 써 주도록 한다.
2) 앞에 "other"가 나왔으니 복수 형태의 "appliances"를 써야 한다.
3) "without" 다음이니까 "wear"가 아니라 "wearing"의 형태를 써야 한다.

교정 문장 I Passengers shouldn't turn on the radio or other electronic appliances without wearing earphones.

번역 예(b)

Passengers who <u>is not</u>(1) wearing earphones must not turn on the radio or <u>the other</u>(2) electronic devices.

해설

1) 주어가 복수 "passengers"이므로 "are not"을 쓴다.

2) 여기서는 한정된 전자 제품 종류 중 나머지 다른 것을 의미하는 것이 아니므로 "the"를 빼준다.

교정 문장 ▮ Passengers who are not wearing earphones must not turn on the radio or other electronic devices.

번역 예(c)

Passengers should not turn <u>up</u>(1) the radio or other electronic <u>equipments</u>(2) without wearing earphones.

해설

1) "turn up"은 "라디오 등을 켜다"가 아니라 "볼륨을 올리다"라는 의미이다. 따라서 "up"을 "on"으로 고쳐준다.

2) "equipment"는 복수형태로 쓰지 않는 명사이다.

교정 문장 ▮ Passengers should not turn on the radio or other electronic equipment without wearing earphones.

모범 답안 Passengers must not play radios or other electronic devices without wearing earphones.

27 연습문제

I. 두 문장이 같은 뜻이 되도록 빈칸을 채우시오.

1. I happened to be looking out of the window.
= It (   )(   ) I was looking out of the window.

2. He pretended to be angry.
= He pretended that (   )(   ) angry.

3. He hurried to the house and was disappointed when he found that it was empty.
= He hurried to the house (   ) (   ) (   ) that it was empty.

4. As he was honest, he was trusted by everybody.
= (   ) (   ) made him trusted by everybody.

II. 다음을 영어로 옮기시오.

1. 차에 공간이 있으면 아이들을 데려오고 싶습니다.

____

2. 그가 한 일에는 많은 개선의 여지가 있다.

____

3. 그는 두 나라 사이의 분쟁을 끝내는 데 주도적인 역할을 하였다.

---

4. 1950년대 이후 이혼율은 꾸준히 증가하였다.

---

28 예제

주차장이 꽉 차서 종업원들은 거리에 주차할 수밖에 없었다.

번역 예(a)

There were so full of cars(1) **at the parking lot that employees could not help parking in the street.**

해설

1) "There were"로 시작된 문장이다. 따라서 그 다음에 주어가 와야하는데 "so full of cars"는 주어가 될 수 있는 명사구가 아니라 형용사구이다. 따라서 명사구가 될 수 있는, 예를 들어 "so many cars"로 바꾸면 된다.

교정 문장 ▌There were so many cars at the parking lot that employees could not help parking in the street.

번역 예(b)

Due to(1) **the parking area was full**(2) **cars, employees had to park their car**(3) **on the street.**

해설

1) "Due to" 다음에는 구(Phrase)가 와야 한다. 그러나 여기서는 절이 따라 나오므로 "Because"나 "As" 등으로 바꿔야 한다.

2) "무엇으로 꽉 차다"는 "be full of"이다. 따라서 뒤에 "of"를 넣는다.

3) "employees"가 복수이므로 "their car"도 "복수인 "their cars"로 해준다. 그렇지 않으면 종업원들이 모두 하나의 같은 차를 타고 다닌다는 의미가 된다.

교정 문장 | Because the parking area was full of cars, employees had to park their cars on the street.

> **모범 답안** The parking lot was so full that employees had to park in the street.

28 연습문제

I. 다음은 우리말을 영어로 옮긴 것이다. 바르지 않은 부분을 고치시오.

1. 3막이 시작하기 전에 우리는 자리를 떠났다.
We left before the beginning of act third.

____

2. 그는 나보다 매일 두 배나 많은 돈을 쓴다.
He spends twice as more money as I do every day.

____

II. 다음을 영어로 옮기시오.

1. 여기서 당신 학교까지는 얼마나 멉니까?

____

2. 오늘 아침 늦잠을 자서 학교에 늦었다.

____

3. 거기 앉아 있는 숙녀분이 나의 선생님이시다.

____

4. 그가 사는 집은 크다.

____

5. 만약 고객이 불만이 있다면 지배인에게 전화하라고 하십시오.

---

6. 비행기는 20분 후 시카고에 착륙할 것입니다.

예제 29

따듯한 봄날에 해변가를 산책하는 것보다 더 유쾌한 일은 없다.

번역 예(a)

What we take a walk(1) in(2) a beach on a warm spring day is most(3) pleasant thing.

해설

1) "산책하는 것"을 "What we take a walk"으로 표현하지는 않는다. "What"이 이처럼 앞에 나오는 경우는 아래 예에서처럼 "What"이 내용상 목적어가 되는 경우에 가능하다.

예) 우리가 말하고 있는 것 "What we are talking about"
우리가 좋아하는 것 "What we like"

따라서 "산책하는 것"은 부정사나 동명사를 써서 "(Our)Taking a walk"나 "(For us)To take a walk"로 표현한다.

2) 여기서는 전치사 "on"을 쓴다.

3) 최상급의 표현이므로 앞에 "the"를 붙여주어야 한다.

교정 문장 ▮ Taking a walk on a beach on a warm spring day is the most pleasant thing.

번역 예(b)

There is nothing more <u>pleasure</u>[1] than taking a walk on a beach on <u>warm spring day</u>[2].

해설

1) "nothing"을 꾸며주기 때문에 형용사형인 "pleasant"를 쓰는 것이 맞다.
2) 앞에 관사 "a"를 써준다.

교정 문장 ▌There is nothing more pleasant than taking a walk on a beach on a warm spring day.

번역 예(c)

There is <u>not more pleasant thing</u>[1] than <u>walk</u>[2] on a beach on a warm spring day.

해설

1) "something, nothing, everything" 등은 뒤에서 형용사가 수식한다. 따라서 이 부분은 "nothing more pleasant"로 고쳐준다 .
2) "than" 다음은 비교대상으로 명사의 역할을 할 수 있어야 한다. 따라서 "walking"으로 바꾸어 준다.

교정 문장 ▌There is nothing more pleasant than walking on a beach on a warm spring day.

모범 답안 Nothing is more pleasant than taking a walk on a beach in the warm spring weather.

29 연습문제

I. 다음을 영어로 옮기시오.

1. 나는 두 마리 개가 있는데 한 마리는 검고 다른 한 마리는 희다.

2. 나는 그를 결점이 없어서가 아니라 몇 가지 결점이 있기 때문에 좋아한다.

3. 결혼은 대부분의 여자에게 중요한 목표이다.

4. 그녀는 그보다 2인치 더 크다.

5. 그는 나보다 3년 선배이다.

6. John은 항상 그가 생각하는 바를 우리에게 정확히 이야기해주었고 우리는 그 점에서 John을 존경하였다.

7. 그 나라는 천연자원이 풍부하다.

8. 두 사람을 위한 좌석을 예약하고 싶습니다.

____

9. 자라나는 어린이에게는 대도시보다 시골이 더 좋아 보인다.

____

30 예제

새로운 보험 계획은 특별히 가족이 있는 종업원들에게 인기가 있다.

번역 예(a)

The new insurance program is <u>specially</u>(1) popular <u>for</u>(2) employees <u>to</u>(3) have families.

해설

1) 여기서는 "especially"를 쓰는 것이 옳다. "specially"는 "어떤 특별한 목적을 위해"라는 의미를 가질 때 쓴다.

예) I had this dress made specially for the wedding.

2) "popular" 다음에 전치사는 "with"를 쓴다.
3) "가족이 있는"이라는 표현을 이렇게 부정사로 표현하지 않는다. "to"를 관계대명사 "who"로 고친다.

교정 문장 I The new insurance program is especially popular with employees who have families.

번역 예(b)

The new insurance plan <u>are</u>(1) popular <u>to</u>(2) employees who <u>especially</u>(3) have families.

해설

1) 주어 "The new insurance program"과 수에 있어 일치하지 않는다. 주어가 단수이므로 "is"로 일치시킨다.
2) "누구에게 인기가 있다"라고 할 때 전치사는 "with"를 쓴다.
3) "especially"의 위치가 여기에 있으면 다른 사람은 아무도 가족이 없고 특별히 몇몇만 가족이 있다는 의미가 된다. 여기서 "especially"는 "popular"를 수식하는 단어이므로 "especially"를 "popular" 앞에 쓰도록 한다.

교정 문장 I The new insurance plan is especially popular with employees who have families.

번역 예(c)

<u>New insurance plan</u>[1] is a favorite of employees who have <u>a family</u>[2].

해설

1) "plan"은 셀 수 있는 명사이다. 따라서 관사를 써야 하는데 여기서는 이미 알고 있는 계획이므로 정관사 "the"를 쓰도록 한다.
2) 앞에 "employees"가 복수이므로 "families"를 쓰도록 한다.

교정 문장 I The new insurance plan is a favorite of employees who have families.

모범 답안 The new insurance plan is especially popular with employees who have families.

30 연습문제

I. 다음은 우리말을 영어로 옮긴 것이다. 바르지 않은 부분을 고치시오.

1. 이 우산은 내 것이다.
This umbrella is belonged to me.

____

2. 그는 새집을 살만한 돈이 있다.
He has money enough for a new house.

____

II. 다음을 영어로 옮기시오.

1. 좀 더 자세한 내용은 요청하시는 대로 보내드리겠습니다.

____

2. 그는 국제회의에서 나라를 대표하도록 선출되었다.

____

3. Washington Post지는 홍수를 취재하도록 그녀를 독일로 파견하였다.

____

4. 내 시계는 수리할 수 없을 정도로 깨어졌다.

---

5. 런던 내 이 지역은 사무실 임대료가 엄청나게 비싸다.

---

6. 나가기 전에 창문을 닫는 것을 잊지 마세요.

---

7. 최근에 산업주의자들과 환경론자들 사이의 관계가 개선되었다.

---

31 예제

고객으로부터 계약서의 변경에 대한 반응이 없었기 때문에 그는 걱정이 되었다.

번역 예(a)

He was worried because there was no response about <u>change the contract</u>[1] <u>from customers</u>[2].

해설

1) "계약서의 변경"은 의미를 두 가지로 생각해 볼 수 있는데 '계약서 자체의 변경'인 경우 "changing the contract"나 "the change of the contract"로, '계약서 내용의 일부를 변경'은 "the changes in(or to) the contract"로 표현한다. 따라서 이 부분도 "changing the contract"로 해주거나 "the changes in the contract"로 써주어야 한다.

2) 이 부분은 그대로 두어도 상관은 없으나 의미상 "response" 뒤로 옮겨주는 것이 더 낫겠다.

교정 문장 I He was worried because there was no response from customers about the changes in the contract.

번역 예(b)

<u>For</u>[1] there was no response from the customer about <u>changing in the contract</u>[2], he was worried.

해설

1) 이유를 표시할 때 문두에는 "For"를 쓰지 않고 "Because"나 "As"를 쓴다.

예) For he was busy, he was late for the meeting. (×)
Because he was busy, he was late for the meeting. (○)
He was late for the meeting, for he was busy. (○)

2) "changing in the contract"는 맞지 않는 표현이다. "changing the contract"나 "the changes in the contract"이 맞는 표현이다.

교정 문장 ▮ Because there was no response from the customer about changing the contract, he was worried.

번역 예(c)

He was anxious <u>of</u>[1] the lack of reaction from <u>customer</u>[2] about changing the contract document.

해설

1) "걱정하다"는 주로 "anxious about"로 표현한다.
2) "customer"는 셀 수 있는 명사이니까 복수형태인 "customers"를 쓰거나 아니면 관사를 써야 한다. 관사를 쓰는 경우 반응이 없는 고객만을 의미하므로 정관사 "the"를 써준다.

교정 문장 ▮ He was anxious about the lack of reaction from customers about changing the contract document.

모범 답안 He was worried because there was no response from the client about the changes made in the contract.

㉛ 연습문제

I. 다음은 우리말을 영어로 옮긴 것이다. 바르지 않은 부분을 고치시오.

1. Henry는 우리에게 그가 시험에 떨어졌다는 사실을 말하지 말도록 부탁했다.
Henry asked us not to mention about his failure in the test.

____

2. Mary가 핑크색 드레스를 입으니 아름다워 보인다.
Mary looks beautifully in her pink dress.

____

II. 다음을 영어로 옮기시오.

1. 그 밴드는 자선 공연에 무료로 출연하기로 합의하였다.

____

2. 은행들은 유망한 기업들을 돕기 위해 더 많은 돈을 대출해 주어야 한다.

____

3. 그는 상황에 대한 기본적인 사실도 모르고 있음을 보여주었다.

____

4. 현재 도시는 평온해 보이지만 전투는 언제라도 다시 시작될 수 있다.

---

5. 현재 공해의 가장 큰 원인은 자동차이다.

---

6. 잠시 쉰 다음 10분 후에 다시 만납시다.

---

32 예제

연착에 짜증난 승객들은 그들의 탑승 비행기를 바꾸려고 매표소 앞에 모여들었다.

번역 예(a)

The passengers who irritated by delay gathered in front of ticket office to change their flights.
(1: irritated, 2: delay, 3: ticket office)

해설

1) "짜증난"은 수동으로 표현한다. 따라서 "were irritated"로 고쳐준다.

2) "delay"를 명사로 쓰려면 "the delay"로 관사를 붙혀주어야 한다.

3) "ticket office" 앞에 관사가 없다. 여기서는 "한정된 의미의, 즉 그 공항 내의 매표소이니까 정관사 "the"를 써주도록 한다.

교정 문장 I The passengers (who were) irritated by the delay gathered in front of the ticket office to change their flights.

번역 예(b)

Passengers irritated to the delayed arrival flocked in front of a ticket office for change their flights.
(1: to, 2: a, 3: for)

해설

1) "Passengers who were irritated by the delayed arrival"에서 "who

were"가 생략된 형태이므로 "to"가 아니라 "by"를 써주어야 맞다.

2) 마찬가지로 한정된 의미의, 즉 그 공항 내의 매표소이니까 정관사 "the"를 써주도록 한다.

3) 목적을 나타낼 때는 to-부정사를 써준다.

교정 문장 ▮ Passengers irritated by the delayed arrival flocked in front of the ticket office to change their flights.

번역 예(c)

Passengers who were irritated by delayed arrivals <u>were gathered</u>[1] in front of the ticket office to <u>exchange</u>[2] their planes.

해설

1) "모이다"의 의미로 "gather"를 쓸 경우 수동태로 할 필요가 없다. 그냥 "gathered"로 표현한다.

2) "exchange"는 무엇과 무엇을 교환하다"의 의미로 "바꾸다"의 의미인 "change"와 의미가 다르다.

예) We exchanged ideas.(우리는 의견을 교환했다)
I exchanged pounds for dollars.(나는 파운드화를 달러로 바꾸었다)

따라서 여기서는 "exchange"라 아니라 "change"를 써야 맞다.

교정 문장 ▮ Passengers who were irritated by delayed arrivals gathered in front of the ticket office to change their planes.

모범 답안 The passengers who were frustrated by the delays crowded in front of the ticket counter to change their flights.

㉜ 연습문제

I. 다음은 우리말을 영어로 옮긴 것이다. 바르지 않은 부분을 고치시오.

1. Mary는 지난 3주간 다이어트를 했다.
Mary has been on a diet since three weeks.

---

2. 일본은 동남아시아 국가들의 사회 간접 자본투자 계획에 돈을 대고 있다고 생각되어진다.
Japan is considered financing major infrastructure projects in various SE Asian countries.

---

3. 당신 티켓은 10번 출구입니다.
Your tickets are for gate the tenth.

II. 다음을 영어로 옮기시오.

1. 대부분의 사람들은 전자제품들을 할부로 구입한다.

---

2. 파티장을 너무 일찍 떠나는 것은 좋은 예의가 아니다.

3. 우리는 차의 연료탱크가 새는 것을 발견하였다.

4. 그 강은 도시의 중간을 가로질러 흐른다.

5. Paul은 잔을 비우고 씻기 시작하였다.

6. 죄송합니다. 포도주를 카펫 위에 엎질렀군요.

33 예제

대부분의 사람들은 편지를 쓰기보다는 받기를 좋아한다.

번역 예(a)

The most people prefer receiving letters than writing them.
(1: The most / 2: than)

해설

1) "The most"는 최상급을 표시한다. "대부분의"의 의미로 쓸 때는 "most"를 쓴다.

2) "prefer" 다음에는 "than"이 아니고 "to"를 쓴다.

교정 문장 I Most people prefer receiving letters to writing them.

번역 예(b)

Most people like receiving the letter better than writing it.
(1: the letter / 2: better / 3: it)

해설

1) 어떤 특정한 편지 한 장을 받는 것을 좋아하는 것이 아니므로 앞의 정관사를 빼고 복수인 "letters"를 써주도록 한다.

2) 이 문장이 원급 문장인 경우 "I like receiving letters much."로 쓰니까 비교급도 "I like receiving letters more than writing them."으로 해야 맞을 것이다. 그러나 동사가 "like"일 경우 관용적으로 비교급에 "better"를 쓴다.

예) I like him much. (원급)

I like him better than you. (비교급)

반면에 동사가 "love"인 경우는 "I love him more than you."처럼 "more"를 쓰는 경우가 많다.

예) I love him much. (원급)

I love him more than you. (비교급)

3) 앞의 "the letter"가 복수의 "letters"로 바뀐다면 뒤의 대명사도 "them"으로 일치시킨다.

교정 문장 ▮ Most people like receiving letters better than writing them.

번역 예(c)

Most of people prefer receiving letters to writing **it.**
(1: Most of people, 2: it)

해설

1) "most of"와 "most"가 쓰이는 경우는 다음과 같다.
우선 "most of"는 뒤에 대명사, 관사, 혹은 소유격의 대명사가 있는 경우에 쓴다.

예) Most of her friends are older than she.

I know most of the people in this room.

그러나 "most"는 그렇지 않은 경우, 즉 명사나 형용사가 뒤에 나오는 경우에 쓰인다.

예) Most tall buildings are made of steel.

I like most Spanish food.

따라서 위의 경우 명사가 나오기 때문에 "most of"가 아니라 "most"를 쓰는 것이 맞다.

2) 앞에 나온 명사 "letters"가 복수이기 때문에 대명사도 "them"을 쓰는 것이 맞다.

교정 문장 ▮ Most people prefer receiving letters to writing them.

모범 답안	Most people prefer receiving letters to writing them.

33 연습문제

I. 다음은 우리말을 영어로 옮긴 것이다. 바르지 않은 부분을 고치시오.

1. 그녀는 나를 그녀의 아버지에게 소개했다.
She introduced me her father.

____

2. 소량으로 쓰인다면 독약도 약이 될 수 있다.
The poison, using a small quantity, will prove to be a medicine.

____

II. 다음을 영어로 옮기시오.

1. 이 나라로 가져올 수 있는 외화의 양에 제한이 있나요?

____

2. 그 두 가지 정치제도에는 중요한 유사점이 있다.

____

3. 제3세계 국가들의 기준에서 보면 대부분의 유럽 사람들은 부유하다.

____

4. 내가 옳다는 사실을 그에게 확신시키지 못했다.

---

5. 전체 인터뷰가 녹음될 것이니까 무엇을 말씀하실 때 조심하세요.

---

6. 경찰은 그 폭발 사고와 이미 알려진 테러 집단들 간의 어떤 연관도 찾지 못했다.

---

34 예제

당신의 3/4분기에 대한 보고서를 받지 못했기 때문에 우리의 사업분석은 아직 미완성이다.

번역 예(a)

For[1] we didn't receive your report on 3/4 divergence[2], our business analysis is still incomplete.

해설

1) 문장을 시작할 때는 "For" 대신 "Because"나 "As"를 쓴다.

2) "3/4분기"는 "the third quarter"로 표현한다.

교정 문장 ▌ Because we didn't receive your report on the third quarter, our business analysis is still incomplete.

번역 예(b)

Because I[1] didn't receive your report for three quarters[2], our business analysis don't[3] complete yet.

해설

1) 뒤에 "our business analysis"로 나오기 때문에 "we"로 일치시켜준다.

2) "three quarters"는 양적인 의미의 4분의 3을 의미한다. 순서의 의미를 가진 "3/4분기"는 앞서처럼 "the third quarter"로 표현한다.

3) 뒤에 형용사 "complete"가 나오니 "isn't"로 바꾸어 주어야 한다.

교정 문장 ▎Because we didn't receive your report for the third quarter, our business analysis isn't complete yet.

> **번역 예(c)**
> **Since we haven't received your report <u>about</u>(1) the third quarter, our business analysis is <u>incompletion</u>(2).**

해설

1) "무엇에 관한 보고서"는 전치사 "on"이나 "for"를 쓴다.
2) 여기서 명사형인 "incompletion"은 적절치 않다. 형용사 "incomplete"를 써주도록 한다.

교정 문장 ▎Since we haven't received your report on the third quarter, our business analysis is incomplete.

> **모범 답안** Because we have not received your report for the third quarter, our analysis of business is not completed.

34 연습문제

I. 다음은 우리말을 영어로 옮긴 것이다. 바르지 않은 부분을 고치시오.

1. 그 왕이 한 다른 일은 영국 역사를 쓰게 한 것이었다.
Another thing the king did was to have a history of England wrote.

---

2. 날이 봄날씨다.
The weather feels as spring.

II. 다음을 영어로 옮기시오.

1. 작년 이맘때에 비해 현재 재산 가치는 대단히 낮다.

---

2. 폭우 때문에 많은 도로가 폐쇄되었다.

---

3. 그 회사는 방위비 지출 삭감을 위해 로비를 하고 있다.

---

4. 그 표현은 영어로 매우 다른 두 가지 의미를 가지고 있다.

5. 그 논쟁은 양편이 모두 받아들일 수 있는 방법으로 해결되었다.

6. 일반 대중들은 이 사이트에 접근할 수 없습니다.

7. 14세 이하의 어린이들은 어른을 동반해야 합니다.

8. 살인 무기가 갑자기 사라진 것을 어떻게 설명하려고 하십니까?

35 예제

월요일에는 손님이 별로 없습니다. 토요일이 가장 바쁜 날입니다.

번역 예(a)

We have little customers on Monday. The most busy day is Saturday.
(1: little, 2: most busy)

해설

1) 셀 수 있는 명사를 수식할 때는 "little"이 아니고 "few"를 쓴다.

2) "busy"는 2음절 내의 단어이니까 최상급은 "the busiest"를 쓴다.

교정 문장 ▌We have few customers on Monday. The busiest day is Saturday.

번역 예(b)

There is few customers on Monday. On Saturday is the busiest day.
(1: is, 2: On)

해설

1) 주어가 "customers"로 복수이니까 "are"로 일치시켜준다.

2) 여기서는 "on"이 필요 없다.

교정 문장 ▌There are few customers on Monday. Saturday is the busiest day.

번역 예(c)
On Monday, we have few customers. <u>Saturday is most busy.</u>
1

해설

1) "Saturday is the busiest day."로 하든지 "We are most busy on Saturday."로 해준다.

교정 문장 | We have few customers on Monday. Saturday is the busiest day.

모범 답안 We don't get many customers on Mondays. Saturday is our busiest day.

㉟ 연습문제

I. 다음은 우리말을 영어로 옮긴 것이다. 바르지 않은 부분을 고치시오.

1. 그들은 나에게 많은 고통을 덜어 주었다.
They saved a lot of trouble from me.

---

2. 주소가 잘못 기재되었기 때문에 내 편지가 그에게 늦게 도착하였다.
My letter, having addressed to the wrong number, reached him late.

II. 다음을 영어로 옮기시오.

1. 회의 전에 미리 복사본을 나누어주시겠습니까?

---

2. 새로운 조세 규정은 그들에게 상업적 경쟁자에 비해 어떤 이점을 주었다.

---

3. 극단주의자들은 공개적으로 폭력을 옹호했다.

---

4. 나는 언론과 나의 재정상 문제를 의논할 준비가 되어 있지 않다.

____

5. 중국과 영국(중영) 협약에 따라 홍콩은 1997년 중국법 하에 들어갔다.

____

6. Tom이 길을 아니까 앞장세우도록 하자.

____

7. 이 코스의 주요 목적은 학생들의 의사소통 기술을 증진시키는 것이다.

____

8. 그가 학과장으로 임명됨으로써 많은 마찰을 가져왔다.

____

9. 음악 소리를 낮춰주시면 감사하겠습니다.

____

36 예제

우유가 상하지 않게 냉장고에 보관하세요.

번역 예(a)

Be sure to keep the milk in the refrigerator not to turn sour.
1

해설

1) 이처럼 표현하면 밑줄 친 "not to turn sour"의 주어가 "the milk"가 아니라 "you"가 된다. 따라서 이 부분은 "to stop it turning (going) sour"나 "to keep it fresh" 등으로 고쳐준다.

교정 문장 ▎Be sure to keep the milk in the refrigerator to stop it turning sour.

번역 예(b)

Keep the milk in the refrigerator to prevent them from changing.
1 2

해설

1) 셀 수 없는 명사 "the milk"를 지시하니까 단수인 "it"으로 받는다.
2) "상하다"는 표현은 "going bad", "going off"이나 "turning sour" 등으로 표현한다.

교정 문장 ▎Keep the milk in the refrigerator to prevent it from going bad.

모범 답안	Keep milk in the refrigerator so that it may not go bad.

36 연습문제

I. 다음은 우리말을 영어로 옮긴 것이다. 바르지 않은 부분을 고치시오.

1. 펜 같은 글을 쓸 수 있는 도구가 있습니까?
Do you have anything to write on?

____

2. 나는 오늘 아침 열쇠를 주머니에 넣은 것을 분명히 기억한다.
I clearly remember to put the key in my pocket this morning.

____

3. William Faulkner의 소설은 가족 해체 등에서 표현되는 것처럼 보편적인 악의 문제를 다루고 있다.
Most William Faulkner's novels deal with the universal problems of evil as represented by family disintegration.

____

II. 다음을 영어로 옮기시오.

1. 경찰은 농장과 그 주변 지역을 수색했다.

____

2. 나는 새로운 학생들을 돌보는 일을 맡았다.

3. 7월의 평균 강우량은 얼마인가요?

4. 가스 탱크의 폭발은 2마일 밖에서도 들릴 정도였다.

5. 이 문제의 해결은 많은 사고를 필요로 한다.

6. 그는 나의 호기심을 충족시켜주려고 했다.

7. 그 가구는 200년 전에 만들어진 것과 같은 방식으로 만들어졌다.

8. 마리화나의 사용과 판매는 불법이다.

9. 학생들은 일렬로 서도록 요구받았다.

10. 그의 영어는 John의 영어만큼 명료하지 않다.

37 예제

그녀를 도울 다른 방법이 없었기 때문에 나는 그녀에게 약간의 돈을 주었다.

번역 예(a)

I gave her some money because I have no other way to help her.
1

해설

1) "I have no other way …"는 될 것 같지만 사실상 쓰지 않는 표현이다. 따라서 밑줄 부분은 실제 사용되는 표현인 "There was no other way to help her"로 고쳐준다.

교정 문장 I I gave her some money because there was no other way to help her.

번역 예(b)

I gave some money to her, for I couldn't find a different way to help her.
1

해설

1) 여기서 "다른 방법"은 "a different way"의 의미가 아니다. 여기서 문맥상 맞는 표현은 "no other way"인데 앞에 "not"이 나왔으니 밑줄 친 부분은 "any other way"로 고쳐준다.

교정 문장 I I gave some money to her, for I couldn't find any other way to help her.

모범 답안 Because there was no other way to help her, I gave her some money.

37 연습문제

I. 다음은 우리말을 영어로 옮긴 것이다. 바르지 않은 부분을 고치시오.

1. 그 유리창은 하루 종일 닫혀 있었다.
The window has been kept closing all day.

---

2. 나는 그 일을 한 시간 전에 끝냈다.
I have finished the work an hour ago.

II. 다음을 영어로 옮기시오.

1. 여기서 수영하는 사람의 숫자가 줄었다.

---

2. 청중들은 지루한 것처럼 보였다.

---

3. 그는 한 발로 균형을 잡으면서 돌아섰다.

---

4. 미국사회에는 아직도 인종차별주의가 남아있다는 것이 나의 생각이다.

____

5. 우리는 다른 팀에 3점 뒤떨어져 있다.

____

6. 3세 이하의 어린이는 반값을 내야합니다.

____

7. 승객들은 출발 한 시간 전에 탑승하도록 요청 받았다.

____

8. 그 도시는 미국과 멕시코 국경에 있다.

____

9. 한 번에 6권을 대출할 수 없습니다.

____

10. 나는 오늘 학교에 가고 싶지 않다.

____

11. 그의 어머니는 그가 창문을 깨뜨린 데 대해 벌을 주기로 했다.

____

38 예제

이 서류에 기입하시고 저쪽 사무실로 가져다주세요.

번역 예(a)

Please fill this form and bring to that office.
(1: fill, 2: bring)

해설

1) "기입하다"는 "fill in"이나 "fill out"이다.

2) "bring"의 의미는 "(이쪽으로) 가져오다"이다. 따라서 "저쪽으로 가져가다"의 의미를 나타내고자 할 때는 동사 "take" 등을 써준다. 또 "take"를 쓰는 경우 목적어 "it(the form)"을 명시해야 한다.

교정 문장 ▮ Please fill in this form and take it to that office.

번역 예(b)

After fill in this document, bring it to that office.
(1: fill, 2: bring)

해설

1) "After" 다음에 주어가 없으니 "filling"으로 해야 한다.

2) 위와 마찬가지로 "bring"은 "이쪽으로 가져오다"의 의미이다. 다른 쪽으로 가져갈 때는 "take"를 쓴다.

교정 문장 ▮ After filling in this document, take it to that office.

번역 예(c)

Write this form and take it at the office.
1 2

해설

1) "write"와 목적어 "this form"은 서로 어울리지 않는다. 여기서는 앞서 나온 "fill in"이나 "complete" 등의 표현을 써주도록 한다.

2) "to" 같이 방향을 나타내는 전치사가 나와야 한다.

교정 문장 ▌ Complete this form and take it to the office.

모범 답안 Fill in this form and take it to that office.

38 연습문제

I. 다음은 우리말을 영어로 옮긴 것이다. 바르지 않은 부분을 고치시오.

1. 시간이 좀 더 있었더라면 논문을 다시 검토했을 텐데.
If I had have more time, I would have checked my paper again.

____

2. 우리나라 음식은 미국음식과 매우 다르다.
The food in my country is very different than that of the United States.

____

3. 그들은 경찰을 보자마자 도망쳤다.
No sooner had they seen a policeman then they ran away.

____

4. 친구 중 하나가 공항까지 나를 데려다 주었다.
One of my friend took me to the airport.

____

II. 다음을 영어로 옮기시오.

1. 그가 그렇게 말했을 리가 없다.

2. 모임에 늦지 않기 위해 그는 일찍 일어났다.

3. 이 기계는 누구에 의해 발명되었는가?

4. 그는 현재 직위에 만족한 것처럼 보인다.

5. 시도했더라면 너는 그것을 할 수 있었을 텐데.

6. 어디 있었니? 널 찾느라고 모든 곳을 찾았어.

39 예제

진실로 부유한 사회는 그 부를 다양한 문화를 건설하는 데 있어 기초로 사용하는 사회이다.

번역 예(a)

A really wealthy society <u>use</u>(1) its wealth as a basis <u>for</u>(2) build a variety of <u>culture</u>(3).

해설

1) 주어가 단수이므로 "uses"를 써야 한다.

2) 목적을 나타내는 부정사로 "to"를 써야 한다.

3) "다양한 문화"로서 앞에 "a variety of"가 있으니 복수로 해준다. 추상명사로서의 "문화"는 셀 수 없는 명사이나 개별적인 문화를 표시할 때는 복수로 표현할 수 있다.

교정 문장 ▮ A really wealthy society uses its wealth as a basis to build a variety of cultures.

번역 예(b)

The <u>truthly</u>(1) rich society is the one <u>that</u>(2) <u>the wealth</u>(3) is used <u>on</u>(4) the basis for constructing diverse cultures.

해설

1) "truthly"가 아니라 "truly"이다.

2) 앞의 "the one"이 "the society"를 의미하므로 "in which"를 쓰거나 "where"를 써야 한다.

3) "wealth"는 추상 명사이므로 관사를 쓰지 않는다.

4) "무엇의 기초"로 라는 표현이므로 "as"를 써주어야 한다.

교정 문장 I The truly rich society is the one where wealth is used as the basis for constructing diverse cultures.

> **번역 예(c)**
> **A really wealthy society is <u>that</u>(1) basically uses <u>their</u>(2) rich to build diverse <u>culture</u>(3).**

해설

1) 여기서 관계대명사 "that"만 써주면 앞에 선행사가 없는 경우가 된다. 따라서 선행사의 역할을 하는 "the one" 같은 단어를 "that"앞에 써야 한다.

2) 앞의 "a really wealthy society"를 받는 대명사라면 단수 형태인 "its"로 받아야 한다.

3) "다양한 문화"로서 앞에 "diverse"가 있으니 복수로 해준다.

교정 문장 I A really wealthy society is the one that basically uses its rich to build diverse cultures.

번역 예(d)
The society which spends money on <u>formation</u> of <u>variety cultures</u> is the truly rich society.
1 (formation) 2 (variety cultures)

해설

1) "formation"은 셀 수 있는 명사이니까 앞에 정관사 "the"를 붙여준다.
2) 앞에 부정관사 "a"를 붙여 "a variety of cultures"로 해주어야 한다.

교정 문장 I The society which spends money on the formation of a variety of cultures is the truly rich society.

모범 답안 The truly rich society is the one that uses its wealth as the foundation to build diverse cultures.

㊴ 연습문제

I. 다음은 우리말을 영어로 옮긴 것이다. 바르지 않은 부분을 고치시오.

1. 그 책을 다 보았기 때문에 팔아버렸다.
Having read the book, it was sold away.

---

2. 그녀 생일이 언제이던가?
I wonder when is her birthday.

---

3. 그는 열심히 발표를 기다렸다.
He was eagerly awaiting for the announcement.

II. 다음을 영어로 옮기시오.

1. 그녀의 충고가 당신이 원하는 바와 부합되지 않더라도 당신이 그 충고를 따르기를 원합니다.

---

2. 그는 의지할만한 친구가 없다.

---

3. 나는 그에게 내가 가진 모든 돈을 주었다.

---

4. 그 어린이들은 새로운 학교에 적응하기가 어렵다는 것을 알았다.

---

5. 의장은 언제라도 회의를 끝낼 수 있는 권한이 있다.

---

40 예제

다음날 아침 우리는 산 정상에서 신선한 공기를 마시며 일출을 보고 있었다.

번역 예(a)

Next morning, breathing fresh <u>airs</u>(1), we were <u>seeing</u>(2) <u>sunrise</u>(3) on the top of the mountain.

해설

1) "공기"라는 의미의 "air"는 셀 수 없는 명사이니까 복수 형태로 쓰지 않는다. 복수 형태의 "airs"는 "태도"라는 의미를 가진다.

예) He put on airs, as his fortune increased.
(재산이 늘어나자 그는 거만해졌다)

2) 우선 "see"는 진행형으로 쓰지 않는 동사이다. 그리고 "관심을 가지고 보다"는 "see" 대신 "watch"를 쓴다.

3) "sunrise" 앞에는 관사 "the"를 써주어야 한다.

교정 문장 ❙ Next morning, breathing fresh air, we were watching the sunrise on the top of the mountain.

번역 예(b)

Next morning, we were <u>seeing</u>[1] the sunrise, breathing in fresh air <u>at</u>[2] <u>top</u>[3] of the mountain.

해설

1) 앞서 설명한대로 "관심을 가지고 보다"는 "watch"를 쓴다. 그리고 "see"는 진행형으로 쓰지 않는 동사이다.

2) "산 정상"이라고 할 때는 전치사 "on"을 쓴다.

3) "top" 앞에는 관사를 써야 한다. 여기서는 정관사 "the"를 쓴다.

교정 문장 I Next morning, we were watching the sunrise, breathing in fresh air on the top of mountain.

모범 답안 The next morning found us on the top of the mountain, enjoying pure air, and watching the sun rise.

40 연습문제

I. 다음은 우리말을 영어로 옮긴 것이다. (　　) 안의 단어를 적당한 형태로 고치시오.

1. 그의 차는 수리를 필요로 한다.
His car needs (fix).

____

2. 집에 가는 길에 이 편지를 꼭 부치세요.
Please remember (mail) this letter on your way to home.

____

3. 요새 논문을 쓰느라 바쁘다.
Nowadays I am very busy (write) my thesis.

____

4. 그녀는 하루 종일 울기만 하였다.
She did nothing but (cry) all day long.

____

II. 다음을 영어로 옮기시오.

1. 그의 질문은 어떤 학생으로부터도 반응을 얻지 못하였다.

____

2. 그의 아버지가 그를 도우러와서 그에게 돈을 빌려주었다.

---

3. 배움에 왕도가 없다는 사실을 명심해야 할 것이다.

---

4. 그는 그 문제를 풀 수 있는 유일한 사람이다.

---

5. 그는 공장에 불을 지름으로써 사장에 대한 복수를 하였다.

---

6. 그 도둑은 성당에서 나오자마자 경찰에 붙잡혔다.

---

7. 잠시 머뭇거린 뒤 그녀는 개의 머리를 쓰다듬었다.

---

41 예제

초청장이 제때 인쇄되지 않아서 세미나는 취소되었다.

번역 예(a)
The seminar canceled[1] because a letter of invitation[2] wasn't[3] printed in time.

해설

1) "세미나가 연기되었다"는 수동태로 표현해야 한다. 따라서 앞에 "was"를 써야 한다.

2) 문맥상 초청장 한 장을 의미하는 것이 아니기 때문에 복수 "the letters of invitation"나 "the invitations"로 써주어야 한다.

3) 앞의 주어가 복수가 되면 동사도 "weren't"로 바꾸어 준다.

교정 문장 ▮ The seminar was canceled because the letters of invitation weren't printed in time.

번역 예(b)
The seminar was canceled because of delayed invitation card[1].

해설

1) "delayed invitation card"의 의미가 확실치 않다. 즉 "지연된 초청장"이 무엇을 의미하는지 알 수가 없다. 따라서 무엇이 지연되었는지를 표시해 주어야 한다. 여기서는 인쇄가 지연되었으므로 "delayed printing of invitation

cards"와 같이 써야 한다.

교정 문장 ▮ The seminar was canceled because of delayed printing of invitation cards.

번역 예(c)

A seminar(1) was canceled owing to(2) the invitation letters were not published(3) on time(4).

해설

1) 세미나가 막연히 지정되지 않은 세미나가 아니라 연기된 세미나를 의미하므로 세미나 앞에 부정관사보다는 정관사를 쓰는 것이 좋겠다.

2) "owing to" 다음에는 구(phrase)가 와야 하는데 이 문장에서는 절이 뒤따르고 있다. 따라서 "owing to" 대신 절이 나올 수 있는 "because"나 "as"로 바꿔야 한다.

3) "인쇄하다"에 해당하는 단어는 "publish"가 아니라 "print"이다. "publish"는 "(책 등을) 출판하다"는 의미이다.

4) "on time"의 의미는 "제때에"가 아니라 "정각에(punctually)"의 의미이다. "제때", 즉 "시간에 맞추어"라는 표현은 "in time"으로 표현한다.

교정 문장 ▮ The seminar was canceled because the invitation letters were not printed in time.

모범 답안 The seminar was cancelled because the invitations were not printed in time.

41 연습문제

I. 다음을 영어로 옮기시오.

1. 그 회사에 주어진 상은 로비에 전시되어 있다.

2. 거의 모든 한국인이 아침으로 밥을 먹는다.

3. 새로운 페인트칠과 그림 때문에 사무실이 더욱 좋아 보였다.

4. 버스에 실으려면 짐을 버스 옆에 두세요.

5. Smith씨는 늦었지만 공연을 놓치지는 않았다.

6. 그 연구 조교는 소비자 선호도에 대한 흥미로운 보고서를 제출하였다.

7. 가장 바쁜 시기에 그에게 휴가를 허락해 주었다.

8. 그 신문사는 내년에 부수가 증가할 것을 기대하고 있다.

9. 최근에야 사람들은 자연 보호의 중요성을 인식하기 시작하였다.

42 예제

호텔 종업원은 방에 들어가기 전에 항상 노크해야 한다.

번역 예(a)

Hotel employees always(1) must knock before enter(2) into(3) the room.

해설

1) "always" 같은 빈도 부사의 위치는 조동사가 있으면 그 다음에 온다. 따라서 여기서는 "must" 다음에 써주도록 한다.

2) 이런 경우 "before" 다음에는 절을 쓰든지 아니면 동사의 "-ing" 형태를 써야 한다.

3) "enter" 자체가 타동사이기 때문에 "into"는 쓰지 않는다.

교정 문장 I Hotel employees must always knock before entering the room.

번역 예(b)

The employees of hotel(1) have to knock before going into the room.

해설

1) "hotel" 앞에는 관사가 있어야 하는데 특정한 호텔을 말하는 것이 아니기 때문에 부정관사를 써준다.

교정 문장 I The employees of a hotel have to knock before going into the room.

번역 예(c)

Hotel employees should knock always before entering into a room.
1 2

해설

1) 여기서 "always"는 빈도 부사이기 때문에 조동사 "should"와 본동사 "knock" 사이에 둔다.

2) 그리고 "enter"는 타동사이기 때문에 "into"와 함께 쓰지 않는다.

교정 문장 | Hotel employee should always knock before entering a room.

모범 답안 Hotel employees must always knock before entering the rooms.

42 연습문제

I. 다음을 영어로 옮기시오.

1. 우리의 서비스 요원들은 받을 수 있는 최상의 훈련을 받았습니다.

2. 예약 취소는 도착 예정 24시간 전에 해야 합니다.

3. 그는 시스템에 불법적으로 접속했다.

4. 그 제품들은 고객이 선호하는 방식에 따라 선적될 것입니다.

5. 그 식당은 정오에 점심식사 제공을 시작해서 7시까지는 문을 열어놓는다.

6. 내가 사용하였던 컴퓨터 단말기는 네트워크에 접속되어 있지 않았다.

7. 개혁의 자세한 내용은 내달 공식적으로 발표될 것입니다.

8. 이 별들은 맨눈으로는 거의 볼 수가 없다.

9. 모든 관중은 발레 공연에 감명을 받은 것처럼 보였다.

---

10. 누가 전화를 하면 나를 깨우든지 아니면 메시지를 받아놓으세요.

---

11. 그는 여행을 5월까지 연기하기로 결정했다.

---

43 예제

그 사장은 모든 회사의 배달 경로를 추적할 수 있는 새로운 소프트웨어를 구입하기 원한다.

번역 예(a)
The president wants to purchase new software that it is able to track the delivery course of all company.
(1: it, 2: company)

해설

1) 여기서 "it"을 쓰면 관계대명사 "that"과 중복되므로 빼주어야 한다.
2) "all" 다음이니까 복수 형태인 "companies"로 해주어야 한다.

교정 문장 I The president wants to purchase new software that is able to track the delivery course of all companies.

번역 예(b)
The owner of the company wants buying the new software which can trace delivery routes of all companies.
(1: buying, 2: the)

해설

1) "want"는 부정사를 목적어로 취하는 동사이다. 따라서 "to buy"로 바꾸어 주어야 한다.
2) "software"는 셀 수 없는 명사이므로 관사를 붙이지 않는다.

교정 문장 I The owner of the company wants to buy new software which can trace delivery routes of all companies.

> **번역 예(c)**
> **The president wants to purchase new software <u>with that</u> all companies can track delivery routes of all companies.**
> 1

해설

1) "전치사+관계대명사"를 쓰는 경우, 관계대명사로 "that"은 쓰지 않는다. 그러므로 "that"을 "which"로 바꾸어 "with which"로 해주어야 한다.

예) This is the house in which he lives. (○)
This is the house in that he lives. (×)

교정 문장 I The president wants to purchase new software with which all companies can track delivery routes of all companies.

> 모범 답안 The president is hoping to buy new software to track the delivery routes of all the companies.

43 연습문제

I. 다음은 우리말을 영어로 옮긴 것이다. 바르지 않은 부분을 고치시오.

1. 그는 밤늦게 있는 것에 익숙하다.
He is used to sit up late at night.

____

2. 이 방은 다른 방보다 더 크다.
The room is more spacious as the other.

____

3. 머지않아 여름이 올 것이다.
It will not be long before summer will come.

____

II. 다음을 영어로 옮기시오.

1. 대부분의 식품은 트럭에 의해 운송된다.

____

2. 그가 가방을 떨어뜨리자 내용물들이 마루에 쏟아졌다.

____

3. 시험에 떨어진 후 낙심했다.

---

4. 다른 직장에 응모할 때 기꺼이 추천서를 써드리겠습니다.

---

5. 15분간 줄을 서야만 했다.

---

6. 그의 불친절한 말 때문에 그녀는 깊이 상처를 받았다.

---

7. 투표를 제대로 하려면 유권자들이 이슈에 대해 정보를 가지고 있어야 한다.

---

44 예제

그녀는 John이 사무실을 떠나기 전에 편지에 사인하도록 하였다.

번역 예(a)

She let John sign the letter before leaves the office.
(1: let, 2: leaves)

해설

1) "let"은 "허락하다"의 의미가 강하므로 "get"이나 "have"를 쓰는 것이 좋다.

2) 앞에 주어가 없으므로 "leaving"으로 고쳐주든지 아니면 주어를 써서 "he left …"로 해줄 수 있는데 "leaving"으로 고쳐주는 경우 주어가 "she"가 될 수도 있고 "John"이 될 수도 있으니 여기서는 "he left"로 고쳐주는 것이 더 낫다.

교정 문장 ❙ She had John sign the letter before he left the office.

번역 예(b)

She got John to sign a letter before he left from the office.
(1: a letter, 2: from)

해설

1) 상황으로 봐서 지정된 편지이므로 정관사 "the"를 쓰도록 한다.

2) "어디를 떠나다"의 의미로 쓸 때는 "from"을 쓰지 않는다. 반면 "어디

를 향해 떠나다"라고 할 때는 "leave for"를 쓴다.

예) He left New York. (그는 뉴욕을 떠났다.)
He left for New York. (그는 뉴욕으로 떠났다.)

교정 문장 ▮ She got John to sign before he left the office.

번역 예(c)
She had John sign to(1) the letter before he leaves(2) the office.

해설

1) "편지에 사인하다"라고 할 때는 그냥 "sign the letter"라고 한다.
2) 시제가 과거니까 "left"로 바꾸어 준다.

교정 문장 ▮ She had John sign the letter before he left the office.

모범 답안	She had John sign the letter before he left the office.

㊹ 연습문제

I. 다음은 우리말을 영어로 옮긴 것이다. 괄호 안의 단어를 적당한 형태로 고치시오.

1. 그들은 다양한 인종적 배경을 가지고 있다
They have a wide (vary) of ethnic background.

2. 기도가 시작되면 모든 사람은 고개를 숙인 채 조용히 앉아 있다.
If a prayer is offered, everyone sits (quite) with bowed head.

3. 그 청구서에는 요금 지불을 강력하게 요구하는 편지가 동봉되어 있었다.
The bill was accompanied by a strong letter (demand) payment.

II. 다음을 영어로 옮기시오.

1. 조사에 의하면 그 사고는 조종사의 과로 때문에 일어났다고 한다.

2. 그가 만든 제안서가 결국은 채택되었다.

3. 내년 가을에 그 대학에서 인사관리 강의를 듣기 원한다.

____

4. 그에게 회사 정책에 대한 매뉴얼을 좀 더 자세히 읽을 것을 제안했다.

____

5. 스키 마스크를 쓴 어떤 사람이 그 은행을 보고 있었다.

____

6. 매일 아침 호텔 종업원이 신문을 문 앞에까지 배달해 준다.

____

7. 비등점은 물이 끓어서 증기로 변하는 온도이다.

____

8. 연말에 그 회사는 직원들을 위해 야유회를 연다.

____

예제 45

한국에 사는 외국인들은 한국친구들이 집에 잘 초대하지 않는다고 종종 불평을 한다.

번역 예(a)

Foreigners lived(1) in Korea complain often(2) that their Korean friends don't invite them to their homes.

해설

1) 이때는 당연히 현재 분사 "living"으로 수식해 주어야 한다.

2) 빈도 부사 "often"의 위치는 일반 동사 앞이다. 따라서 "complain" 앞으로 옮겨준다.

교정 문장 ▮ Foreigners living in Korea often complain that their Korean friends don't invite them to their homes.

번역 예(b)

Foreigners living in Korea sometimes complain that Korean friends(1) do not invite us(2) to their houses.

해설

1) 이렇게 쓰면 그냥 막연한 한국인 친구가 된다. 그들(외국인)의 한국인 친구니까 "their Korean Friends"와 같이 명시를 해주어야 한다.

2) "foreigners"의 입장에서 보면 "us"겠지만 여기서는 그냥 일반적인 사람(한국인)의 입장이므로 "them"으로 고쳐주어야 한다.

교정 문장 ▮ Foreigners living in Korea sometimes complain that their Korean friends do not invite them to their houses.

번역 예(c)

Foreigners living in Korea <u>are complained</u>[1] that their Korean friends seldom <u>invite</u>[2] to their houses.

해설

1) "불평하다"는 능동의 의미이므로 그냥 "complain"으로 해준다.
2) "invite" 다음에 목적어가 빠졌다. 목적어 "them"을 써주어야 한다.

교정 문장 ▮ Foreigners living in Korea complain that their Korean friends seldom invite them to their houses.

모범 답안 Foreign residents in Korea often complain that they are seldom invited to the homes of their Korean friends.

45 연습문제

I. 다음은 우리말을 영어로 옮긴 것이다. 바르지 않은 부분을 고치시오.

1. 그녀는 행동이 느려서 수업시간에 맞게 온 적이 없다.
She is so slow as she never gets to class on time.

---

2. 나는 아무말도 하지 않았는데 이것이 그를 더욱 화나게 하였다.
I said nothing, who made him more angry.

II. 다음을 영어로 옮기시오.

1. 당신의 아이디어에 대해 의논하기 위해 내일 점심때 모입시다.

---

2. 떠나기 전에 모든 불을 꺼야합니다.

---

3. Brown씨가 전화할 것이라 생각은 않지만, 그래도 혹시 내가 외출한 사이 그가 전화하면 가능한 한 빨리 다시 전화 드린다고 하세요.

---

4. 그 팀은 TV 인터뷰 시간에 맞춰 제때에 도착할 것으로 생각된다.

---

5. 오늘은 더 이상 할 일이 없기 때문에 퇴근하셔도 좋습니다.

---

6. 그의 이야기를 듣고 웃지 않을 수 없었다.

예제 46

당신 집에서 만났던 Mary는 내 여자친구를 연상시킨다.

번역 예(a)

Mary reminds me of my girl friend <u>whom</u> I met at your house.
1

해설

1) 관계대명사를 이 위치에 두면 선행사가 "my girl friend"가 되어 "Mary는 당신 집에서 만난 내 여자친구를 연상시킨다"라는 의미가 된다. 따라서 관계절 "whom I met at your house"를 "Mary" 다음으로 옮겨주어야 한다.

교정 문장 ▎Mary who(m) I met at your house reminds me of my girl friend.

번역 예(b)

<u>Mary who met at your house</u> reminds me of my girl friend.
1

해설

1) 여기서는 관계대명사 "who"가 주격으로 쓰였다. 그러면서 뒤의 타동사 "met" 다음의 목적어, 즉 누구를 만났는지 명시되지 않았다. 따라서 밑줄 친 부분은 "Mary whom I met at your house"로 고쳐주어야 한다.

교정 문장 ▎Mary who(m) I met at your house reminds me of my girl friend.

번역 예(c)

When I met Mary at your home, my girl friend occurred to me.
1

해설

1) "occur to"는 "(어떤 생각이나 아이디어가)떠오르다"는 의미로 쓴다. 따라서 위의 경우는 적절치 않은 표현이며 이 부분은 "came to one's mind"로 고칠 수 있다.

교정 문장 I When I met Mary at your home, my girlfriend came to my mind.

모범 답안 Mary who(m) I met at your house reminds me of my girl friend.

46 연습문제

I. 다음은 우리말을 영어로 옮긴 것이다. 바르지 않은 부분을 고치시오.

1. 나는 오렌지를 대단히 좋아한다.
I am much fond of oranges.

2. 비행기가 악천후 때문에 연착했다.
The plane arrived lately because of bad weather.

3. 연설이 재미가 없었기 때문에 그들은 지루했다.
As the speech was dull, many of them were boring.

II. 다음을 영어로 옮기시오.

1. 나는 원하는 직장을 얻을 만큼 충분한 경험이 없다.

2. 우리 회사는 3명의 직원을 런던으로 보냈다.

3. 그는 지리학 지식을 늘리는 수단으로 우표수집을 했다.

---

4. 우리는 새로 온 여종업원의 나쁜 태도에 대해 많은 불평을 접수받았다.

---

5. 그의 퇴직 결정은 부서의 모든 사람에게 놀라움이었다.

---

47 예제

나는 미혼이기 때문에 성가시게 할 아내도 없고 양육해야 할 자식도 없다.

번역 예(a)

Because I am single, I have no wife whom she annoys me[1] and have[2] no children whom I bring up[3].

해설

1) "아내가 나를 성가시게 한다"는 의미니까 주격 관계대명사 "who"를 써서 밑줄 친 부분을 "who annoys me"로 고쳐준다.

2) 중복해서 "have"를 쓸 필요는 없다.

3) 당위의 의미를 가지고 있으므로 앞에 "have to"를 넣어준다.

교정 문장 ▌ Because I am single, I have no wife who annoys me and no children who(m) I have to bring up.

번역 예(b)

Because I am not married, I have no annoy[1] wife and no children who must be brought up.

해설

1) "wife"를 수식할 수 있는 형용사형인 "annoying"으로 고쳐준다.

교정 문장 ▮ Because I am not married, I have no annoying wife and no children who must be brought up.

번역 예(c)
Because I am unmarried, I have no sons(1) who must bring up(2) and no wife who will annoy me.

해설

1) 자식은 아들만 있는 것이 아니므로 "children"으로 표현해 준다.
2) "양육되어야 할 자식"이므로 수동으로 표현되어야 한다. 따라서 "who must be brought up"으로 고칠 수 있겠다. 아니면 "whom I must bring up"이라고 해야 내가 양육한다는 의미가 된다.

교정 문장 ▮ Because I am unmarried, I have no children whom I must bring up and no wife who will annoy me.

모범 답안 Because I am not married, I have no wife to irritate me and no children to bring up.

47 연습문제

I. 다음은 우리말을 영어로 옮긴 것이다. 바르지 않은 부분을 고치시오.

1. Mary는 그와 결혼할 것이라 생각된다.

It is expected Mary to marry him.

____

2. John은 그 게임에 열광했다.

John was exciting over the game.

____

II. 다음을 영어로 옮기시오.

1. 소포 중 3개는 이번 주에 도착했는데 나머지는 도착하지 않았다.

____

2. 우리는 이사하기로 결정은 했지만 어디로 갈지는 아직 생각 중이다.

____

3. 지난밤 4시간밖에 못 잔 것을 생각하면 그렇게 많이 피곤하지는 않다.

____

4. 극장 매니저는 나에게 표를 보여주지 않는 한 누구도 들여보내지 말라고 했다.

___

5. 회사가 새로운 장비를 설치하면 종업원들은 더 생산적이 될 것이다.

___

6. 초기 그리스 시대부터 납은 조각의 재료로 사용되어 왔다.

___

48 예제

광고에 쓰인 돈이 올해 50% 증가하였다.

번역 예(a)

Money that has spent on the advertisement increased by 50
1 2 3

percent in this year.

해설

1) 주어를 "money"로 하면 동사 "increased"와 어울리지 않는다. 즉, 증가한 것은 돈이 아니라 돈의 양이므로 주어를 "The amount of money"로 해준다.

2) "(쓰인)돈"이 주어이니까 수동으로 표현해야 한다. 따라서 "was spent"로 고쳐준다.

3) "advertisement"는 구체적으로 광고에 쓰인 사진, 영화, 광고 문안 등을 의미한다. 따라서 셀 수 있는 명사이다. 반면에 "advertising"은 전반적인 광고 활동을 의미하며 셀 수 없는 명사이다. 여기서는 문맥상 "advertising" 적절하다. 따라서 "advertising"을 써주는 것이 좋겠고 "advertising"을 쓰게 되면 앞의 정관사는 쓰지 않는다.

교정 문장 I The amount of money that was spent on advertising increased by 50 percent in this year.

번역 예(b)

The amount of money using in advertising showed a 50% increase this year.
(using: 1)

해설

1) "which was used"에서 관계대명사와 be-동사가 생략된 형태이니까 "used"로 바뀌야 한다.

교정 문장 ▮ The amount of money used in advertising showed a 50% increase this year.

번역 예(c)

Amount of money spent on advertising has increased in 50% this year.
(Amount: 1, in: 2)

해설

1) "amount" 앞에 정관사 "the"를 붙여준다.

2) 전년도에 비해 50% 증가했다는 의미라면 앞에 "by"를 넣어 "by 50%"로 바뀌야 한다.

교정 문장 ▮ The amount of money spent on advertising has increased by 50% this year.

모범 답안 The amount of money spent on advertising has increased by fifty percent in this year.

48 연습문제

I. 다음은 우리말을 영어로 옮긴 것이다. 바르지 않은 부분을 고치시오.

1. 너무 재미있는 책이라 그는 책을 내려놓을 수가 없었다.
It was so interesting book that he couldn't put it down.

____

2. 조심스럽게 훈련되면 개는 충실한 하인이 될 수 있다.
The dog, training carefully, will become a faithful servant.

____

II. 다음을 영어로 옮기시오.

1. 우리가 볼 때 그는 결과에 만족해 보인다.

____

2. 그녀에게 갈 준비가 되었는지 물었고 그녀는 고개를 끄덕였다.

____

3. 그는 영어 단어는 많이 알지만 문법은 약하다.

____

4. 새 집을 지으려면 공식적인 허가를 얻어야 한다.

---

5. 우리는 사람들이 그들의 문제에 마주서도록 도우려고 한다.

---

6. 나를 못 믿겠으면 그에게 확인해 봐라.

---

7. 그의 고용계약서에는 그가 적어도 1개월간의 연수를 받을 것을 명시하고 있다.

---

49 예제

아무도 그녀가 몇 살인지 정확히 모른다. 하지만 분명한 것은 그녀가 보기만큼 젊지 않다는 것이다.

번역 예(a)

Nobody knows her age exactly. But it is clear that she is older than she looks like.
1

해설

1) 아래 예에서 보듯이 "look like" 다음에는 명사가 오고 "look" 다음에는 형용사가 온다.

예) She looks beautiful. (○)
She looks like beautiful. (×)
He looks like a gentleman. (○)
He looks a gentleman. (×)

따라서 여기서는 "looks like"가 아니라 "looks"를 써주어야 한다.

교정 문장 I Nobody knows her age exactly. But it is clear that she is older than she looks.

번역 예(b)

Nobody knows how old is she, but it is sure that she is not so
1 2

young as her appearance would suggest.

해설

1) 간접 의문문 순서로 해야 하니까 "she is"로 고쳐준다.

2) 여기서 "it"은 뒤의 "that"절 이하를 의미하는데 "sure"의 경우는 주어가 사람인 경우에 쓴다.

예) I am sure that he will come.

위와 같이 "that"절 이하가 분명하다는 표현을 하려면 "clear"나 "certain"을 쓰면 된다.

교정 문장 ▌ Nobody knows how old she is, but it is certain that she is not so young as her appearance would suggest.

> **번역 예(c)**
> **No one knows her age exactly. But it is obvious that she is not as young as we look.**
> (1: we look)

해설

1) 이처럼 "we look"으로 쓰면 "우리가 다른 사람에게 보이는"이란 의미가 된다. 그런데 여기서는 "그녀가 다른 사람에 어떻게 보이는가"라는 의미이므로 "she looks"로 해야한다.

교정 문장 ▌ No one knows her age exactly. But it is obvious that she is not as young as she looks.

> **모범 답안** Nobody knows exactly how old she is, but it is certain that she is not so young as she looks.

49 연습문제

I. 다음 괄호 안의 단어를 적당한 형태로 고치시오.

1. 모든 어린이들은 대통령이 되는 꿈을 꿀 수 있다.
Every child can dream of (become) president.

____

2. 그는 나라를 보존하는 데 그 자신을 헌신했다.
He dedicated himself to (preserve) the country.

____

3. 미국 문화의 특징 중 하나는 자수성가한 사람을 칭송하는 것이다.
A characteristic of American culture is the (glory) of the self-made man.

____

4. 그들이 온 나라는 황량한 곳이었다.
The country they came to was a (wild).

____

5. 내 여자친구는 내가 술을 끊지 않으면 결혼하지 않겠다고 한다.
My girl friend refuses to marry me unless I give up (drink) whisky.

____

6. 나는 새 컴퓨터를 살 여유가 없다. 그래서 좋은 중고품을 찾고 있다.
I cannot afford a new computer, so I am looking for a good (use) one.

II. 다음을 영어로 옮기시오.

1. 연구 결과는 다음의 표에 편리하게 정리되어 있다.

---

2. 그는 그들의 대화를 방해하지 않으려고 복도에 조용히 서 있었다.

---

3. 나는 간신히 그 이야기가 사실이라는 것을 그에게 확신시켰다.

---

4. 학생들이 버스에 탈 때 선생님은 그들의 숫자를 세고 계셨다.

---

50 예제

선약 때문에 나는 어제 Mr. Kim의 환송회에 참석하지 못했다.

번역 예(a)

I couldn't join in farewell party for Mr. Kim yesterday, because I had a previous engagement.
(1: in, 2: farewell party)

해설

1) 타동사 "join" 다음에는 "in" 없이 바로 목적어를 쓴다.

2) 앞에 정관사 "the"를 써주어야 한다.

교정 문장 I I couldn't join the farewell party for Mr. Kim yesterday, because I had a previous engagement.

번역 예(b)

I couldn't join Mr. Kim's farewell party yesterday for my previous engagement.
(1: for)

해설

1) 아래 예에서 보듯이 이유를 나타내는 "for" 다음에는 절이 와야 한다. 위의 예처럼 "for" 다음에 구(phrase)가 오면 "무엇을 위하여"라는 의미가 된다. 따라서 여기서는 "because of" 등으로 바꾸어 준다.

예) 그는 부지런하기 때문에 일을 끝낼 것이다.

He will finish the job, for he is diligent. (○)

He will finish the job for his diligence. (×)

교정 문장 ❙ I couldn't join Mr. Kim's farewell party yesterday because of my previous engagement.

번역 예(c)

<u>As</u>(1) my previous engagement, I couldn't <u>took</u>(2) part in Mr. Kim's farewell party.

해설

1) 이유를 나타내는 "as" 다음에는 절이 온다. 여기서는 구(phrase)형태인 "my previous engagement"가 뒤따라 나오므로 뒤에 구(phrase)가 나올 수 있는 "because of" 등으로 바꾸어 주어야 한다.

2) 조동사 "could" 다음에는 동사 원형이 와야한다.

교정 문장 ❙ Because of my previous engagement, I couldn't take part in Mr. Kim's farewell party.

모범 답안 A previous appointment prevented me from attending the farewell party for Mr. Kim yesterday.

50 연습문제

I. 다음은 우리말을 영어로 옮긴 것이다. 바르지 않은 부분을 고치시오.

1. 새로운 소식이 적었기 때문에 편지가 짧았다.
The letter was short because there wasn't many news.

____

2. 그는 결과에 만족했다.
He is satisfactory with the result.

____

3. 그 가이드는 고려와 조선 왕조의 차이를 우리에게 설명해 주었다.
The guide explained us the difference between the Korea Dynasty and the Yi dynasty.

____

II. 다음을 영어로 옮기시오.

1. 이 제안들은 심각히 고려할 만하다.

____

2. 컴퓨터와 친숙해지는 것은 바람직하다.

____

3. 인간은 말을 할 수 있는 능력에 있어 다른 포유류와 다르다.

---

4. 그 질문은 나를 혼란시켰다.

---

5. 감옥에서도 우리는 인간의 존엄성을 지키려고 노력했다.

---

6. 포도주를 상자째로 사면 할인이 됩니까?

---

51 예제

어린이들은 그들의 생각을 말하기 전에 우선 다른 사람이 말하는 것을 주의 깊게 듣는 법을 교육받아야 한다.

번역 예(a)

The children(1) have to be educated how(2) to listen carefully(3) what other people speak(4) before say(5) what they think.

해설

1) 일반적인 어린이들을 말하므로 관사 없이 "Children"으로 쓴다.

2) "듣는 방법"을 말하는 것이 아니므로 "how" 없이 그냥 쓴다.

3) "listen carefully" 다음에 "to"가 빠졌다.

4) 아래 예에서 보듯이 어떤 내용을 말한다는 의미에서 "speak"는 적당치 않다. "say"나 "tell"로 바꾸어준다.

예) Tell me what you think. (○)
Speaks what you think. (×)

5) 앞에 주어가 없으니까 "saying"으로 해주어야 옳다.

교정 문장 ❙ Children have to be educated to listen carefully to what other people say before saying what they think.

번역 예(b)

Children should be educated, first of all, to <u>listening</u>(1) attentively to what other people say before <u>talking</u>(2) their thoughts.

해설

1) 부정사 "to" 다음에는 원형을 쓴다.

2) "talk"은 상대방에게 서로 말하는 것을 의미한다. 여기서는 "express" 등의 동사를 쓴다.

교정 문장 ▮ Children should be educated, first of all, to listen attentively to what other people say before expressing their thoughts.

번역 예(c)

<u>The children</u>(1) must be educated to listen carefully to <u>that</u>(2) other persons are saying before expressing their ideas.

해설

1) 일반적인 어린이들을 말하므로 무관사로 쓴다.

2) "다른 사람이 말하는 것(내용)"을 의미하므로 "what"을 써주어야 한다.

교정 문장 ▮ Children must be educated to listen carefully to what other persons are saying before expressing their ideas

모범 답안 Children must be trained to listen carefully to what others say before they express their ideas.

51 연습문제

I. 다음은 우리말을 영어로 옮긴 것이다. (　　) 안에 적당한 전치사를 넣으시오.

1. 그녀의 사진이 뉴스위크지 표지에 실렸다.
Her photo appeared (　　) the cover of NewsWeek.

2. 그의 회사는 1980년대에 급속히 성장했다.
His company grew rapidly (　　) the 1980's.

3. 그는 열쇠로 문을 열었다.
He opened the door (　　) his key.

4. 그는 신용카드로 계산서를 지불했다.
He paid the bill (　　) a credit card.

5. 그 소설은 실화에 근거하고 있다.
The novel is based (　　) a true story.

6 대부분의 대표가 택시로 도착했다.
Most of the delegates arrived (　　) taxis.

II. 다음을 영어로 옮기시오.

1. 그가 전문적인 예술가가 되기 위해 필요한 기술을 얻는 데는 오랜 시간이 걸렸다.

---

2. 최종 보고서를 쓰기 전 사실들과 숫자들을 수집하는 데 그들은 6개월을 보내야 했다.

---

3. 그 섬을 방어하기 위해 그들은 두 개 연대를 더 데리고 왔다.

---

52 예제

소유주가 바뀌었지만 그 회사는 현재의 경영진에 의해 경영될 것이다.

번역 예(a)

Though owner is changed, the company will run by the present management.
(1: owner, 2: run)

해설

1) 앞에 정관사 "the"를 써주어야 한다.

2) "경영되다"니까 수동의 "be run"로 표현해 준다.

교정 문장 I Though the owner is changed, the company will be run by the present management.

번역 예(b)

But an owner is changed, the company will be run by the present managers.
(1: But, 2: an)

해설

1) 아래 예에서 보듯이 "but"은 문장 앞에 오지 않는다. 따라서 밑줄 친 부분은 "Although" 같은 접속사로 바꾸어 주어야 한다.

예) He is not smart, but he is diligent. (○)

But he is diligent, he is not smart. (×)
Although he is diligent, he is not smart. (○)

2) 여기서는 이미 머릿속에 지정된 알고 있는 사람이니까 정관사를 써주도록 한다.

교정 문장 ▌ Although the owner is changed, the company will be run by the present managers.

번역 예(c)
Though[1] the change of its owner, the company will be managed by the present management staffs[2].

해설

1) "Though" 다음에는 절이 나와야 한다. 그러나 여기서는 뒤에 구(Phrase)가 따라나오니까 "Despite"로 바꾸어 준다.
2) "staff"는 복수형태로 쓰지 않는다. 그냥 "staff"로 한다.

교정 문장 ▌ Despite the change of its owner, the company will be managed by the present management staff.

모범 답안 Although its owner is changed, the firm will continue to be run by the present management.

52 연습문제

I. 다음은 우리말을 영어로 옮긴 것이다. 다음 괄호 안의 단어를 적당한 형태로 고치시오.

1. 나는 감정이 이성을 지배하도록 할 사람이 아니었다.
I was not the one to let my heart (rule) my head.

____

2. 인생의 지혜 중 하나는 중요치 않은 것을 제거하는 것이다.
The wisdom of life consists in the (eliminate) of nonessentials.

____

3. 그는 스스로 잘못을 발견할 수 있는 만족감을 독자들의 몫으로 남겨두었다.
He left his readers the satisfaction of (discover) a few mistakes for themselves.

____

4. 그녀는 상대후보만큼 많은 정치적 경력을 가지고 있지 않다.
She did not have as much (politics) experience as her opponent.

____

5. 잠수부들은 최대 100피트까지 내려갈 수 있다.
Divers can descend to a maximum (deep) of 100 feet.

____

II. 다음을 영어로 옮기시오.

1. 이런 거리에서 그들이 어떤 모습이었는지 정확히 기억하기는 어렵다.

2. 그 쌍둥이들은 너무 비슷해서 둘을 서로서로 구별하기는 어렵다.

3. 그녀는 좋은 여자지만 대화를 독점하려는 경향이 있다.

4. 새로운 증거는 증인으로서의 그의 신뢰성에 의문을 던졌다.

53 예제

작년에 미국을 방문하였을 때 나는 딸을 위해 백화점에서 장난감 피아노를 샀다.

> **번역 예(a)**
> **When I visited to(1) America last year, I bought my daughter a toy piano(2) in the department store.**

해설

1) 여기서 "to"는 필요 없다.

2) "I bought my daughter a toy."와 "I bought a toy for my daughter."는 조금 의미가 다르다. 즉, "I bought my daughter a toy."는 "이미 장난감을 사서 주었다(이미 전달했다)"는 의미이고 "I bought a toy for my daughter."는 그냥 딸을 위해 장난감을 샀다는 의미이다. 따라서 여기서는 "I bought a toy piano for my daughter."가 올바른 번역이다.

교정 문장 I When I visited America last year, I bought a toy piano for my daughter in the department store.

> **번역 예(b)**
> **When I have visited(1) to U.S.(2) last year, I bought a toy-piano at a department store for my daughter.**

해설

1) "last year"와 같이 명확한 과거를 표시하는 말이 있을 때는 완료형을 쓰지 않는다. 따라서 단순 과거형인 "visited"로 해준다.

예) I have finished my work yesterday. (×)
I finished my work yesterday. (○)

2) "America"에는 관사를 쓰지 않지만 "U.S." 앞에는 정관사를 써준다.

교정 문장 ▮ When I visited the U.S. last year, I bought a toy-piano at a department store for my daughter.

모범 답안 Last year, when I was visiting the U. S., I bought a toy piano at a department store for my daughter.

53 연습문제

I. 다음은 우리말을 영어로 옮긴 것이다. 바르지 않은 부분을 고치시오.

1. 날씨가 좋아 나는 산책을 나갔다.
Being a fine day, I went out for a walk.

---

2. 파리 방문 기념으로 에펠탑 앞에서 사진을 찍고 싶습니다.
I want to take my picture in front of the Eiffel Tower as a souvenir of my trip to Paris.

---

3. 그는 벽을 기대고 서 있었다.
He stood leaned against the wall.

II. 다음을 영어로 옮기시오.

1. 그녀는 언젠가는 유명해 질 것이라는 꿈을 꾸었다.

---

2. 과제를 제시간에 마치기 위해 모든 노력을 했다.

---

3. 그 보고서는 교실에서 사용되는 교수 방법을 검토한 것이었다.

____

4. 그녀는 그와의 관계를 끝낼 시간이라고 생각했다.

____

5. 병사들에게 모범을 보이는 것이 장교로서의 나의 의무이다.

____

54 예제

그 나라 말을 몰랐기 때문에 그는 직장을 구하는 것이 불가능하다는 것을 알았다.

번역 예(a)
He found that it was impossible <u>of getting</u>(1) <u>job</u>(2), because he didn't know the language of <u>a</u>(3) country.

해설

1) "impossible" 다음에는 부정사를 쓴다. 따라서 "to get"으로 고쳐준다.
2) "job"은 셀 수 있는 명사이기 때문에 앞에 관사를 써주어야 한다. 위의 경우 특별히 명시된 직업이 아니므로 부정관사 "a"를 써주도록 한다.
3) "그 나라 말"이기 때문에 관사는 "the"를 써주도록 한다.

교정 문장 I He found that it was impossible to get a job, because he didn't know the language of the country.

번역 예(b)
He found that it <u>is</u>(1) impossible to get <u>his job</u>(2), because he didn't know the language of the country.

해설

1) 앞의 주절의 동사가 "found"로 과거이기 때문에 일치시켜 "was"로 해주

도록 한다.

2) "his job"이라 하면 이미 정해진 그의 직업, 직장을 의미한다. 정해지지 않은 직장은 "a job"으로 표현한다.

교정 문장 ▮ He found that it was impossible to get a job, because he didn't know the language of the country.

모범 답안 Not knowing the language of the country, he found it impossible to get a job.

54 연습문제

I. 다음은 우리말을 영어로 옮긴 것이다. 바르지 않은 부분을 고치시오.

1. 아버지와 나는 같은 생각을 가지고 있다.
My father and I have a same idea.

____

2. 나는 그 소식을 듣고 기뻤다.
I was pleasant to hear the news.

____

3. 그는 친구를 만나러 서울로 갔다.
He went to Seoul with a view to meet his friend.

____

4. 네가 운전하지 않았으면 한다.
I would rather that you don't drive.

____

5. 선생님께서 구두 보고를 하도록 하셨다.
My teacher had us to give oral reports.

____

II. 다음을 영어로 옮기시오.

1. 그는 그의 이론을 테스트하기 위해 연속적인 일련의 실험을 하였다.

2. 그 보고서는 노동자들이 높은 수준의 방사선에 노출되어 있었다는 사실을 밝혀냈다.

3. 대금 지불에는 다음의 방법이 있습니다; 수표, 현금, 신용카드.

4. 모든 이론은 사실적인 지식을 기초로 세워져야 한다.

5. 그들은 테러범들에게 인질들을 석방하라고 설득했다.

55 예제

그가 영어로 말하는 것을 듣는다면 당신은 그를 미국인으로 생각할 것이다.

번역 예(a)

If you hear that he speaks in English, you will think him to be an American.
(1: that he speaks in English)

해설

1) 이런 경우 "hear"의 목적어가 "that" 이하이므로 "그가 영어로 말한다는 사실"이 동사의 목적어가 된다. 따라서 번역하고자 하는 내용과 일치 않는다. 번역하고자 하는 내용과 일치하려면 "If you hear him speak in English …"로 해주어야 한다.

교정 문장 ▌ If you hear him speak in English, you will think him to be an American.

번역 예(b)

If you listen to his speaking in English, you will regard him as an American.
(1: listen to, 2: his speaking)

해설

1) 여기서는 주의를 기울여 말하는 내용을 듣는 것이 아니라 그냥 말하는

것을 듣는 것이니까 "hear"를 쓰는 것이 옳다.
2) "his speaking"은 어색한 표현이다. "그의 연설"이라는 의미가 강하다. 따라서 앞의 동사를 "hear"로 바꾸면 이 부분도 "him speak"로 바꾸어 준다.

교정 문장 I If you hear him speak in English, you will regard him as an American.

번역 예(c)

If you hear <u>his speaking</u>(1) in English, you will think that he is <u>American</u>(2).

해설

1) 앞서 설명한대로 "his speaking"은 어색한 표현이다. 밑줄 친 부분은 "him speak"로 고쳐준다.
2) 앞에 부정관사 "an"을 써주도록 한다.

교정 문장 I If you hear him speaking in English, you will think that he is an American.

모범 답안 If you hear him speak in English, you will think that he is an American.

55 연습문제

I. 다음은 우리말을 영어로 옮긴 것이다. 바르지 않은 부분을 고치시오.

1. 파티가 금요일이었으면 좋을텐데.
I wish that the party is on Friday.

____

2. 그것에 대해 이야기 해보자.
Let's talk about it, do we?

____

3. 그는 누구든 선거에 이기는 사람이 양당으로부터 지지를 받을 것이라고 확신한다.
He feels sure that who wins the election will have the support of both parties.

____

II. 다음을 영어로 옮기시오.

1. 많은 전자 부품들이 안정성에 대한 요구를 충족시키지 못하였다.

____

2. 나는 동생이 말하는 것을 대단히 주의 깊게 들었다.

3. 여러분의 장래 계획을 묘사하는 500자 정도의 에세이를 쓰세요.

4. 네가 연수를 마치더라도 나는 직장을 보장해 줄 수 없다.

5. 석유가의 하락은 경제 발전에 도움이 되었다.

6. 그는 결혼했다는 사실을 감추려고 반지를 뺐다.

56 예제

사업에서의 성공은 자본의 양보다는 그것을 어떻게 사용하는가에 달려있다.

번역 예(a)

Success <u>of</u> business depends <u>on not</u> the amount of <u>the capital</u> but on how to use it.
(1: of, 2: on not, 3: the capital)

해설

1) "사업에서의 성공"이니까 전치사는 "in"을 써주어야 한다. 위의 예처럼 "of"를 쓸 경우 의미상 "business"가 주어가 되어 사업이 성공한다는 의미가 된다. "사업체의 성공"이라는 의미일 때는 "business" 앞에 정관사를 붙여 "Success of the business"라고 할 수는 있다.

2) 순서를 "not on"으로 바꿔야 뒤에 나오는 "but on"과 일치를 이룰 수 있다.

3) 추상 명사 "capital"은 셀 수 없는 명사이므로 무관사로 쓴다.

교정 문장 ▎Success in business depends not on the amount of capital but on how to use it.

번역 예(b)

<u>The</u> success in business is <u>dependent</u> on how capital is used <u>than</u> its amount.
(1: The, 2: dependent, 3: than)

해설

1) "success"는 추상 명사로서 셀 수 없는 명사이니까 관사를 쓰지 않는다.
2) 뒤에 "than"을 썼으니 비교급 문장이다. 따라서 앞에 "more"를 써주어 비교급으로 만들어야 한다.
3) "than" 다음에도 "on"을 써주는 것이 좋다.

교정 문장 I Success in business is more dependent on how capital is used than on its amount.

번역 예(c)

Success <u>of</u>[1] business depends more on how to use capital than on <u>amount of capital.</u>[2]

해설

1) "사업에서의 성공"이니까 전치사는 "in"을 써주어야 한다.
2) 우선 이 부분만 보면 "amount" 앞에는 정관사를 써주어야 한다. 그리고 더 나아가서 "capital"은 앞서 나왔으니 대명사로 고쳐서 "its amount"로 쓴다.

교정 문장 I Success in business depends more on how to use capital than on its amount.

모범 답안 Success in business depends not so much upon the amount of capital as upon the method of using it.

56 연습문제

I. 다음은 우리말을 영어로 옮긴 것이다. (　　　) 안에 적당한 전치사를 쓰시오.

1. 그의 신념은 많은 사람들에게 인기가 없었다.
His beliefs were unpopular (　　　) many people.

2. 그 나라는 많은 나라로 분열되었을지도 모른다.
It might have been divided (　　　) many countries.

3. 그는 John을 각료로 임명하였다.
He appointed John (　　　) his cabinet.

4. 이것은 우리가 좀 더 자세히 조사해야 할 결정적인 문제이다.
This is a crucial question (　　　) which we must look a little more closely.

II. 다음을 영어로 옮기시오

1. 세 자매 중 누구와 비교해도 그녀는 작다.

---

2. 다는 아니더라도 대부분의 사람들은 문학적 취미를 자신들을 완성시켜줄 하나의 고상한 성취 정도로 생각한다.

---

3. 시는 우리를 감동시켜 시인 자신의 감정이나 시인의 상상력이 창조한 사람의 감정을 우리가 느낄 수 있도록 한다.

---

4. 어린이들은 그들 주변의 세계에 대한 자연적인 호기심을 가지고 있다.

---

5. 그 악단은 그들의 레코드 회사와 새로운 계약을 협상했다.

---

6. 이 지점에서 호수의 깊이는 90미터이다.

---

57 예제

영어를 공부한 지 6년이 되었으니 영문편지를 큰 어려움 없이 쓸 수 있어야 한다.

번역 예(a)

You have studied <u>in</u>(1) English over 6 years. Therefore now, you <u>should</u>(2) write letters in English without <u>hardship</u>(3).

해설

1) "in"을 쓰면 "영어를 도구로 다른 과목을 공부한다"는 의미가 된다. "영어를 공부한다"는 그냥 "study English"이다.
2) "쓸 수 있어야 한다"는 "must"와 "can"의 의미를 동시에 포함한다. 따라서 "should be able to"로 바꾸어 준다.
3) 여기서 "hardship"은 어울리지 않는 단어이다. "hardship"이란 "역경" 등을 의미하기 때문이다. 그냥 "difficulty" 등을 쓰면 되겠다.

교정 문장 ▎You have studied English over 6 years. Therefore now, you should be able to write letters in English without difficulty.

번역 예(b)

You <u>must</u>(1) write letters in English without difficulty, because you have studied English more than 6 years.

해설

1) 마찬가지로 "쓸 수 있어야 한다"는 "must"와 "can"의 의미를 동시에 가진다. 따라서 "must be able to"로 바꾸어 준다.

교정 문장 ▮ You must be able to write letters in English without difficulty, because you have studied English more than 6 years.

> **번역 예(c)**
> **Six years have passed since <u>you studied English</u>. So, you must be able to write letters in English without difficulty.**
> 1

해설

1) "영어 공부를 시작한 지 6년이 지났다"라는 의미이니까 밑줄 친 부분은 "you began to study English"로 해주어야 한다.

교정 문장 ▮ Six years have passed since you began to study English. So, you should be able to write letters in English without difficulty.

> **모범 답안** Since you have studied English for more than 6 years, you must be able to write letters in English without much difficulty.

57 연습문제

I. 다음은 우리말을 영어로 옮긴 것이다. (　　　) 안에 적당한 전치사를 쓰시오.

1. 나는 나의 감정을 그녀에게 알려주기로 했다.
I decided to acquaint her (　　　) my feeling.

2. 나는 만족스러워 고개를 끄덕였다.
I nodded (　　　) satisfaction.

3. 집으로 데려다 줄 테니까 오늘 배운 모든 것을 복습해야 한다.
I will take you home now, and you go (　　　) all the things you have learned.

4. 겨울이 곧 올 것이라는 것을 알고 있다.
I know that winter is near (　　　) hand.

II. 다음을 영어로 옮기시오.

1. 우리의 문제는 잘못된 경영과 경험 부족이 복합된 것이었다.

____

2. 여론 조사는 유권자들이 현 정부에 만족하지 못하고 있다는 사실을 분명히 보여준다.

____

3. 울로 만들어진 이 양복은 다른 것보다 우수하다.

---

4. 나는 합병에 대해 그와 의논하기 위해 약속을 했다.

---

5. 그 회사와 경쟁하기를 원한다면 우리는 마케팅에 대한 새로운 접근 방법을 택해야 한다.

---

6. 우리는 아내가 한때 살았던 프랑스의 작은 마을에서 휴가를 보내려고 한다.

---

58 예제

그 문제는 아직 고려 중이므로 죄송하지만 지금 당장 대답해 드릴 수가 없습니다.

번역 예(a)

It is sorry that I cannot answer right now, because I am still under consideration of the matter.

(1: It is sorry / 2: I am still under consideration of the)

해설

1) "sorry"는 사람을 주어로 한다. 따라서 "I am sorry …"로 바꾸어 준다.

2) "under consideration"은 수동의 의미를 가진다. 그리고 사람을 주어로 하지 않는다. 따라서 주어를 "the matter"로 해주어야 하며 이 부분은 "the matter is still under consideration."으로 바꾸어 주어야 한다.

교정 문장 I I am sorry that I cannot answer right now, because the matter is still under consideration.

번역 예(b)

I am sorry, but I can't answer right now, because the matter is still considering.

(1: considering)

해설

1) 이대로 라면 "the problem"이 다른 무엇을 고려한다는 의미가 된다. 문

제가 고려되고 있는 중이니까 수동의 의미를 가진 "under consideration"으로 표현해주는 것이 제일 좋다.

교정 문장 ▮ I am sorry, but I can't answer right now, because the matter is still under consideration.

> **번역 예(c)**
> **The matter has(1) under consideration yet(2), so I can't answer your question right now.**

해설

1) 여기서는 시제에 맞는 "be"동사를 써주어야 한다.
2) "yet"은 의문문이나 부정문에 쓴다. 그리고 여기서는 "아직도"의 의미이니까 "still"이 적당하다.

교정 문장 ▮ The matter is still under consideration, so I can't answer your question right now.

> **모범 답안** Because the matter is still under consideration, I am afraid that I can't answer your question right now.

58 연습문제

I. 다음은 우리말을 영어로 옮긴 것이다. 바르지 않은 부분을 고치시오.

1. 전류의 불안전성 때문에 TV나 컴퓨터 같은 예민한 전기기구들은 전압 안전기에 플러그를 꽂아 두어야 한다.
Because of the inconsistency of electrical current, delicate electric instruments, such as television and computers, are always be plugged into a surge suppressor.

____

2. 나는 차가 두 대 있는데 하나는 크고 다른 하나는 작다.
I have two cars; one is big and another is small.

____

3. 네덜란드는 풍차로 유명한 나라이다.
The Netherlands are a country famous for their windmills.

____

4. 사람들은 연주회가 시작되기를 세 시간 이상 기다렸다.
The people has been waiting for more than three hours for the concert to begin.

____

5. 일반 상품은 직접세가 면제된다.

Common goods are generally exempt on direct tax.

II. 다음을 영어로 옮기시오.

1. 가장 좋은 해결책은 그들이 별거하는 것일 것이다.

---

2. 그는 그의 장총을 꺼내서 세 발을 쏘았다.

---

59 예제

만약 시간이 좀 더 있었더라면 보고서를 한번 더 검토해 볼 수 있었을 텐데.

번역 예(a)

If I had had <u>a little time</u>, I <u>could examine</u> the report once more.
1 2

해설

1) "좀 더 있었더라면"의 의미니까 "a little more time"으로 해주어야 한다.

2) 가정법 과거 완료니까 "could have examined"로 해주어야 한다.

교정 문장 ❙ If I had had a little more time, I could have examined the report once more.

번역 예(b)

If I had had <u>more some</u> time, I could have examined <u>a report</u> one more time.
1 2

해설

1) 순서를 바꾸어 "some more"로 해준다.

2) 이미 대화 상대자 간에 알고 있는 보고서니까 정관사를 써서 "the report"로 해준다.

교정 문장 ❙ If I had had some more time, I could have examined the report one more time.

번역 예(c)

If I had have more time, I should have examined the report once again.
(1: have, 2: should have examined)

해설

1) 가정법 과거 완료니까 "had"로 해주어야 한다.

2) "should have examined"는 "검토를 했었어야 하는데(실제는 하지 않았다)"의 의미이다. "검토를 할 수 있었을 텐데"는 "could have examined"로 써야 한다.

교정 문장 I If I had had more time, I could have examined the report once again.

모범 답안 If I had had more time, I would have checked the report again.

59 연습문제

I. 다음은 우리말을 영어로 옮긴 것이다. 바르지 않은 부분을 고치시오.

1. 그 사장도 우리의 공인 회계사도 잘못을 찾을 수가 없었다.
Neither the president nor our own CPA were able to find the error.

____

2 나는 작업을 마치지 못한 사람들이 늦게까지라도 머물러서 작업을 완료하기를 원한다.
I want them who have not finished their work to stay late and get the job done.

____

3. 그런 동물은 본적이 없다.
Never I have heard of such an animal.

____

4. 다음주 일요일에 전화하세요.
Please call me on next Sunday.

____

II. 다음을 영어로 옮기시오.

1. 동성연애에 대한 뚜렷한 태도의 변화가 있었다.

2. 그녀는 새 옷을 입고 거리를 걸어갔다.

3. 그들은 식량과 은신처를 절실히 필요로 한다.

4. 의과대학을 2년 다닌 후 나는 모든 것을 안다고 생각했었다.

5. 새 공항은 크리스마스 직전에 개항하기로 되어 있다.

예제 60

언론의 책임은 크고 중요하다. 언론은 대중들에게 단순히 소식을 전할뿐만 아니라 사물을 올바르게 판단하는 습관과 능력을 아울러 제공해야 한다.

번역 예(a)

Responsibility(1) of press(2) is great and important. It should not only(3) give the information(4) but also the habit and ability to judge things correctly to people.

해설

1) 셀 수 있는 명사이므로 앞에 관사를 붙인다. 여기서는 정관사를 써주는 것이 맞겠다.

2) 언론 역시 "the press"로 표현한다.

3) "not only"의 위치가 바르지 않다. 여기서 "give"의 목적어가 "information"과 "the habit and ability"이므로 "not only"는 동사 "give" 다음에 와야 위치가 맞다.

4) "information"은 무관사로 쓴다.

교정 문장 ▎The responsibility of the press is great and important. It should give not only information but also the habit and ability to judge things correctly to people.

번역 예(b)

The responsibility of the press is great and important. <u>Not only it report news</u>[1], but also it has to offer <u>the people</u>[2] the habit and ability to judge things correctly.

해설

1) "it"이 주어라면 "reports"로 해준다. 아니면 더 좋은 것은 "Not only does it report"로 표현하는 것이다.

3) 일반적인 사람을 의미하므로 관사 없이 "people"로 해준다.

교정 문장 ▮ The responsibility of the press is great and important. Not only does it report news, but also it has to offer people the habit and ability to judge objects correctly.

모범 답안 The responsibility of the press is great and important. Besides bringing news to the public, the press also provide people with the habit and ability to judge things correctly.

60 연습문제

I. 다음은 우리말을 영어로 옮긴 것이다. 바르지 않은 부분을 고치시오.

1. 그녀는 피아노 반주에 맞추어 춤을 추고 있다.
She is dancing with the piano.

____

2. 그는 통역을 통해 이야기했다.
He spoke by an interpreter.

____

3. 이 책이 어제 당신에게 이야기한 책입니다.
This is the book I spoke to you yesterday.

____

II. 다음을 영어로 옮기시오.

1. 우리들 중 동정심을 가지고 태어나지 못한 사람이라도 경험을 통해서나 혹은 우리의 상상력을 통해 그것을 얻을 수 있다.

____

2. 그는 단순히 우리를 겁주려 한다.

____

3. 그녀는 앞을 거의 내다볼 수가 없었다.

4. 이 지도의 배율은 얼마인가요?

5. 기후 조건은 농작물 생산에 영향을 끼친다.

61 예제

오늘 아침에 기차 안에서 미국인이 이야기를 걸어 왔는데 이쪽 말이 거의 통하지 않아서 답답했다.

번역 예(a)

This morning American(1) spoke to me on the train, I(2) was embarrassed because I could hardly make myself understood in English.

해설

1) 관사를 써주어야 하는데 특별히 지시된 미국인이 아니니까 앞에 부정관사 "an"을 붙이도록 한다.

2) 두 문장이 연결되면서 접속사가 없다. 문맥상 "but" 같은 접속사를 넣어 주도록 한다.

교정 문장 ▌ This morning, an American spoke to me on the train, but I was embarrassed because I could hardly make myself understood in English.

번역 예(b)

An American tried to talk to me on the train this morning, but it(1) was nervous not to(2) understand each other.

해설

1) "nervous" 같은 형용사는 의미상 사람이 주어가 되어야 한다. 이 문장에서는 가주어 "it", 즉 "not to understand each other"가 주어이므로 "nervous"는 어울리지 않는 술어(형용사)이다. 따라서 "이쪽 말이 통하지 않는다"는 말은 자신이 영어로 의사 소통을 하지 못했다는 의미이므로 밑줄 친 부분은 "… I was nervous because I could not make myself understood"로 바꾸어 줄 수 있겠다.

교정 문장 I An American tried to talk to me on the train this morning, but I was nervous because I could not make myself understood.

모범 답안 This morning I was spoken to by an American. But, to my annoyance, I could hardly make myself understood.

61 연습문제

I. 다음은 우리말을 영어로 옮긴 것이다. 바르지 않은 부분을 고치시오.

1. 나는 같은 일에 비용을 두 번씩이나 지불해야 한다는 사실에 반대합니다.
I object to pay twice for the same thing.

___

2. 기차는 승객들로 붐볐다.
The train was crowded by many passengers.

___

3. 그의 연구는 칭찬을 받을 만하다.
His research is deserving of praise.

___

4. 그 시계 값은 네가 생각하는 것만큼 비싸지 않다.
The price of the watch is not so expensive as you think.

___

II. 다음을 영어로 옮기시오.

1. 내가 한 일이 그가 한 일보다 더 낫다.

---

2. 미국사람들은 실질적인 것을 중요시한다.

---

3. 소수의 지식인을 제외한 대다수의 중산층은 지적인 탐구에 대해서는 관심이 거의 없다.

---

4. 놀랄 만큼 대다수의 사람들이 진정으로 한국의 통일을 보고 싶어한다.

예제 62

인간은 자연과 함께 조화롭게 사는 것이 얼마나 중요한 것인지 모른 채 그 삶의 근원을 파괴하고 있다.

번역 예(a)

The human beings[1] are destroying the origin of the life[2] without knowing that we live[3] with nature is very important.

해설

1) "인간"이라 할 때는 정관사 없이 그냥 "human beings"으로 표현한다.

2) "삶"이라는 의미의 셀 수 없는 명사이므로 정관사 없이 쓴다.

3) "that" 절 이하에서 동사 "is"가 나왔으니 그 앞부분은 주어가 된다. 따라서 "We live with nature"가 주어가 될 수 있도록 명사구로 바꾸어 주어야 한다. 여기서는 "(our) living with nature"나 "to live with nature"로 바꾸어 주면 되겠다.

교정 문장 ▮ Human beings are destroying the origin of life without knowing that living with nature is very important.

번역 예(b)

People are destroying the source of their life without knowing how important to live with[1] nature.

해설

1) 여기서는 "how important" 다음에 "it is"를 넣어주어야 한다. 즉, "it is important to live with nature"가 간접 의문문 형태로 바뀌면서 "important" 부분이 앞으로 나갔기 때문이다.

교정 문장 I People are destroying the source of their life without knowing how important it is to live with nature.

모범 답안 Man is destroying the very source of his life without knowing how important it is to live harmoniously with nature.

62 연습문제

I. 다음은 우리말을 영어로 옮긴 것이다. 바르지 않은 부분을 고치시오.

1. 당신은 이 사실을 곧 경찰에 알려야 합니다.
You must inform this to the police at once.

____

2. 나는 당신의 성공을 부러워합니다.
I envy your great success.

____

II. 다음을 영어로 옮기시오.

1. 그는 전도유망한 젊은이다.

____

2. 우리 팀은 항상 당신 팀을 이겼었다.

____

3. 그는 친절하게도 역으로 가는 길을 나에게 가리켜 주었다.

____

4. 우리는 동갑이지만 그가 나보다 훨씬 키가 크다.

5. 일본의 인구가 한국의 인구보다 훨씬 많다.

6. 그가 앉자마자 전화벨이 울렸다.

7. 죄송합니다. 이 그림은 판매용인가요?

8. 금요일까지 25장의 원서가 사무실에 제출되었다.

63 예제

시험에 성공하는 것이 운에 달려 있다고 생각하는 것은 큰 잘못이다.

> **번역 예(a)**
> **It is wrong to think that passing <u>to</u>(1) <u>test</u>(2) depends on luck.**

해설

1) "pass"는 타동사이므로 뒤에 전치사 "to"를 쓰지 않는다.
2) "test"는 셀 수 있는 명사이므로 관사를 붙인다. 여기서는 특정한 시험이 아니고 일반적인 시험이므로 부정관사를 사용하여 "a test"를 써준다.

교정 문장 ▮ It is wrong to think that passing a test depends on luck.

> **번역 예(b)**
> **It is a <u>big mistake that</u>(1) you need <u>the luck</u>(2) to succeed in <u>the exam</u>(3).**

해설

1) 이대로 두면 문두의 "It"은 "that you need …" 이하를 지시하는 것이 된다. 그러나 여기서 큰 잘못은 "시험에 성공하는 데는 운이 필요하다고 생각하는 것"이므로 "mistake"와 "that" 사이에 "to think"를 넣어주어야 한다.
2) "luck"은 셀 수 없는 명사니까 그냥 "luck"으로 한다.

3) 역시 특정한 시험이 아니고 일반적인 시험이므로 "an exam"을 써준다.

교정 문장 ▮ It is a big mistake to think that you need luck to succeed in an exam.

번역 예(c)

It is <u>great mistake</u>(1) to think that <u>there is fortune to pass the examination.</u>(2)

해설

1) "mistake"은 셀 수 있는 명사이므로 관사를 붙인다.

2) 이대로 두면 무슨 말인지 이해하기가 어렵다. 번역하려는 내용에 맞게 "success in an examination depends on chance" 등으로 고쳐준다.

교정 문장 ▮ It is a great mistake to think that success in an examination depends on chance.

모범 답안 It is a grave mistake to think that success in an examination depends on chance.

63 연습문제

I. 다음은 우리말을 영어로 옮긴 것이다. (　　　) 안의 단어를 적당한 형태로 고치시오.

1. 이 회사는 기계 공작 분야에는 가장 경쟁력 있는 회사들 중에 하나이다.
This is one of the most (compete) firms in the machine tool industry.

____

2. 그는 교육받을 기회가 거의 없었다.
He had little opportunity for (school).

____

II. 다음을 영어로 옮기시오.

1. 비록 가난하다 하더라도 가진 것에 만족하는 사람들은 행복하다.

____

2. 통화 중이다. 누군가 전화를 사용하고 있음에 틀림없다.

____

3. 새로운 법은 총기의 판매를 금지시켰다.

____

4. 사람들은 거리를 순찰하는 폭동 진압 경찰의 모습에 점차 익숙해졌다.

---

5. 그는 곧 다시 너와 친해질 것이다.

---

6. 그 비서는 점심 도중 몇 분 동안에 안경을 맡겨 수리하였다.

---

64 예제

우리가 순수한 영어 단어라고 생각하지만 실제로는 외국에서 들어온 단어의 수는 놀랄 만큼 많다.

> **번역 예(a)**
> **We think them as pure English words, but in fact, the number of words borrowed from foreign countries is surprisingly great.**
> (think: 1, them: 2)

해설

1) "A를 B로 생각하다"는 "think of A as B, consider A as B" 등으로 쓴다. 따라서 여기서도 "think"가 아니라 "think of"로 써야 한다.
2) "them"이 지시하는 내용이 없다. 즉, "them"이 무엇을 지시하는지 여기서는 알 수가 없다. 따라서 구체적으로 "them" 대신 "many words" 등을 써주어야 한다.

교정 문장 ❙ We think of many words as pure English words, but in fact, the number of words borrowed from foreign countries is surprisingly great.

> **번역 예(b)**
> **Although we consider genuine English words, but in fact there are a number of English words which surprisingly came from foreign countries.**
> (consider: 1, but: 2, surprisingly: 3)

해설

1) 이대로 두면 그냥 "우리는 진짜 영어 단어를 생각한다"는 의미가 된다. 따라서 "consider" 다음에 무엇을 "genuine English words"로 생각하는지를 써주어야 한다. 만약에 앞의 번역 예(a)에서처럼 "consider many words"로 해준다면 다음에 "as"를 써주어야 한다.

2) 앞에 "Although"가 있으니 여기서 "but"을 쓰면 중복적인 표현이 된다. 둘 중에 하나를 빼주도록 한다.

3) "surprisingly"를 이 위치에 두면 동사 "came from"을 수식하게 된다. 그러나 원문은 "놀랄 만큼 많은 숫자의"라는 의미니까 "number"를 수식할 수 있게 앞으로 보내 "a surprising number of"로 쓴다.

교정 문장 I We consider many words as genuine English words, but in fact there are a surprising number of English words which came from foreign countries.

모범 답안 There are a surprising number of words which we believe to be pure English but which have really come from foreign countries.

64 연습문제

I. 다음은 우리말을 영어로 옮긴 것이다. 바르지 않은 부분을 고치시오.

1. 그는 반액만 지불하였다.
He paid only the half sum.

2. 사장은 피카소 그림을 벽에 걸어 두었다.
The president hanged a Picasso on the wall.

3. 그는 그 사실을 세상에 숨기고 있다.
He hides the fact to the world.

4. 그의 봉급은 그의 아내보다 적다.
His salary is lower than his wife.

II. 다음을 영어로 옮기시오.

1. 회의장에는 회의가 시작하기를 기다리는 많은 사람들이 있다.

2. 우리 사무실보다 이 방이 훨씬 덥다.

___

3. 숙련 노동자들은 무경험자들보다 훈련을 덜 필요로 한다.

___

4. 아마 웨이터로 변장해서 그곳에 숨어들어 갈 수 있을 것이다.

___

5. 수요에 맞추기 위해 그 회사는 생산을 늘렸다.

___

예제 65

학자는 폭넓은 지식을 가져야하며 또 그 지식에 기초해서 그의 이론을 정확히 설명할 수 있어야 한다.

번역 예(a)

Scholars should have a wide knowledge and can explain exactly their theories based on it.

(1: can, 2: based on)

해설

1) "설명할 수 있어야 한다"이니까 "can"이 아니라 "should"의 의미까지 포함하는 "should be able to"로 해주어야 한다.

2) 이대로 두면 "their theories which are based on it", 즉 "지식에 기초한 그의 이론"이라는 이야기가 된다. 여기서는 "지식에 기초하여"라는 의미로 써야 하니까 "on the basis of it"이라 해야 한다.

교정 문장 I Scholars should have a wide knowledge and should be able to explain exactly their theories on the basis of it.

번역 예(b)

A scholar must have a wide-ranged knowledge and correctly explain his theory on the base of his knowledge.

(1: a wide-ranged, 2: base of his knowledge)

해설

1) "광범위한"이라고 표현할 때는 "wide-ranging"으로 한다.

2) "무엇이 기초하여"는 "on the basis of"라고 표현한다.

교정 문장 ▮ A scholar must have a wide-ranging knowledge and correctly explain his theory on the basis of his knowledge.

번역 예(c)

A scholar should have an extensive knowledge, on the basis of which can explain his theories correctly.
which can: 1

해설

1) "which"가 "an extensive knowledge"를 받는 것이라면 "which" 다음에 주어 "he"를 넣어 주어야 한다.

교정 문장 ▮ A scholar should have an extensive knowledge, on the basis of which he can explain his theories correctly.

모범 답안 A scholar should have a wide knowledge, but he should also be able to explain concisely his theory on the basis of it.

65 연습문제

I. 다음은 우리말을 영어로 옮긴 것이다. 바르지 않은 부분을 고치시오.

1. 겸손함은 약함을 표시하는 것이 아니며, 성실함은 항상 증명되게 되어있다.
Civility is not a sign of weakness and sincerity is always subject to prove.

____

2. 그녀는 사촌의 행운을 시기하였다.
She was jealous about her cousin's good fortune.

____

3. 그 거리는 많은 사람으로 붐빈다.
The street is crowded of many people.

____

4. 이 기계를 사용할 때는 조심해야 한다는 점을 기억해야 합니다.
When using this machine, it must be remembered that you must be careful.

____

II. 다음을 영어로 옮기시오.

1. 수천의 생명이 이 약에 의해 목숨을 건졌다.

2. 나머지 케이크는 나중을 위해 남겨두자.

3. 가족이 몇 명이나 됩니까?

4. 식사 중에 담배를 피우면 많은 사람들은 불쾌해 한다.

5. 우리 애들의 방학 동안에 나는 식사 준비하느라 바빴다.

예제 66

언어는 인간의 소중한 재산 중 하나이다. 언어 없이 인간은 다른 사람과 사상을 교환할 수 없을 것이다.

번역 예(a)

Language is one of the valuable property(1) of man. Without it, we can not exchange our thoughts with others.

해설

1) "one of the" 다음에는 복수 형태를 써주어야 한다. 따라서 "properties" 라고 쓰는 것이 맞다.

교정 문장 ▮ Language is one of the valuable properties of man. Without it, we can not exchange our thoughts with others.

번역 예(b)

The language(1) is human's one of the valuable possessions(2). Without language, a person seems not(3) exchange his thoughts with the others(4).

해설

1) 일반적인 "언어"를 의미할 때는 관사 없이 그냥 "language"라고 쓴다.

2) 단어 순서를 "one of the valuable human possessions"라고 한다.

3) "하지 못할 것이다"라는 표현을 위해 "seem"이라는 동사를 쓴 것 같은

데 이럴 때는 “would not be able to”라고 표현하는 것이 맞다.
4) 특정한 다른 사람들을 의미하는 것은 아니므로 그냥 “others”로 써주어야 한다.

교정 문장 ▮ Language is one of the valuable human possessions. Without language, a person would not be able to exchange his thought with others.

번역 예(c)
Language is one of the most precious possessions of human race. (1: human race)
Without it, it doesn’t make possible to exchange our ideas with others. (2: it doesn’t make possible)

해설

1) “human race” 앞에는 정관사 “the”를 써준다.
2) “it”이 뒤에 나오는 “to exchange ideas”를 지시하는 가주어라면 이 부분은 “it is not possible”, 좀 더 정확하게 한다면 “it would not be possible”로 해주어야 한다.

교정 문장 ▮ Language is one of the most precious possessions of the human race. Without it, it would not be possible to exchange our ideas with others.

모범 답안 Language is one of man’s precious possessions. Without it, he would be unable to exchange ideas with others.

66 연습문제

I. 다음은 우리말을 영어로 옮긴 것이다. 바르지 않은 부분을 고치시오.

1. 그녀는 거울 속의 모습을 한참 바라보았다.
She looked at the glass for a very long time.

____

2. 나는 시험에서 많은 실수를 하였다.
I did a lot mistakes in the examination.

____

3. 자연은 신비와 경이로움으로 가득 차 있다.
The nature is full of mysteries and wonders.

____

II. 다음을 영어로 옮기시오.

1. 그는 그곳에 갔었던 사실을 부인했다.

____

2. 어젯밤 나는 라디오를 끄지도 않고 잠이 들었다.

____

3. 유권자들은 증가하는 범죄율에 짜증이 나 있다.

---

4. 가장 좋아하는 운동이 뭔가요?

---

67 예제

만약 Gorbachev가 미국과 핵무기 감축에 대한 합의에 도달한다면 소련 군부는 재래식 무기에 더욱 의존하게 될 것이다.

번역 예(a)

If Gorbachev come(1) to an agreement to reduce of(2) nuclear weapon(3) with America, the Soviet military will be more dependent upon conventional weapon(4).

해설

1) 가정법 현재라면 현재시제로 해주어야 한다. 따라서 "come"이 아니라 "comes"로 써주어야 한다.

2) "reduce"는 타동사니까 이 부분은 그냥 "reduce"라고 하는 것이 맞다.

3) 총체적인 무기를 의미하니까 복수명사 "weapons"으로 써야 한다.

4) 역시 총체적인 무기를 의미하니까 복수명사 "weapons"으로 써야 한다.

교정 문장 ▮ If Gorbachev comes to an agreement to reduce nuclear weapons with America, the Soviet military will be more dependent upon conventional weapons.

번역 예(b)

If Gorbachev reaches an agreement on reduce[1] nuclear weapons with United States[2], the Soviet Army will be more dependent on old weapons.

해설

1) 앞에 전치사 "on"이 있으므로 그 다음에는 명사에 해당하는 부분이 와야 한다. 따라서 이 부분은 "reducing"이나 "the reduction of"로 바꾸어 주어야 한다.

2) "United States" 앞에는 정관사를 써주어야 한다.

교정 문장 ▌ If Gorbachev reaches an agreement on the reduction of nuclear weapons with the United States, the Soviet Army will be more dependent on old weapons.

모범 답안 If Gorbachev reaches an agreement with the U.S. on reducing nuclear weapons, the Soviet military would be forced into greater reliance on conventional weapons.

67 연습문제

I. 다음은 우리말을 영어로 옮긴 것이다. 바르지 않은 부분을 고치시오.

1. 중국의 인구는 얼마나 됩니까?
How many are the Chinese population?

____

2. 그는 나의 소매를 잡았다.
He seized me by sleeve.

____

3. 물리학뿐만 아니라 생물학도 이 학교에서는 인기 있는 과목이 아니다.
Not only Biology but also Physics are a popular subject at this school.

____

4. 집에 페인트칠은 해야 하지만 내년 여름까지 기다리기로 했다.
The house needs to paint, but we plan to wait until next summer.

____

II. 다음을 영어로 옮기시오.

1. 그 사고는 바로 내 집 옆에서 일어났다.

2. 배움에 있어서 가장 중요한 것은 당연한 사실도 의심해 보는 것이다.

3. 그는 편지를 받은 것은 기억하는데 편지를 찾을 수가 없다.

68 예제

쉬운 문장을 사용하면 길고 복잡한 문장보다 의미를 훨씬 쉽고 분명하게 전달할 수 있음을 알 수 있을 것이다. 글쓰기의 목적은 의사소통에 있음을 기억해야 한다.

번역 예(a)

When you use easy sentences, you will be able to know (1) that they are more easier (2) and clear (3) means of communication than long and complex expressions. We must remember that the purpose of writing is to understand each other.

해설

1) "알 수 있을 것이다"라고 해서 이처럼 "will be able to"라고 장황하게 표현할 필요는 없다. 그냥 "you will know(find)"라고 하면 된다.

2) 비교급이 이중으로 표현되었다. 즉, "easy"의 비교급은 그냥 "easier"라고 쓰기 때문에 앞에 "more"를 붙일 필요가 없다. 그리고 "easier and clearer"가 수식하는 "means"는 단수로 취급하기 때문에 부정관사 "an"을 앞에 써야 한다.

3) 여기도 역시 비교급표현 "clearer"을 써주어야 한다.

교정 문장 ▮ When you use easy sentences, you will know that they are an easier and clearer means of communication than long and complex expressions. We must remember that the purpose of writing is to understand each other.

번역 예(b)

You will know that the easy sentence(1) deliverers meaning easier and correcter(2) than the long and complicated one. You must keep in mind that the object of writing is in communication.

해설

1) 문맥상 어떤 특정한 문장을 말하는 것은 아니므로 복수 형태인 "easy sentences"라고 해주는 것이 좋겠다. 복수인 "easy sentences"로 바꾸면 물론 뒤의 동사는 복수에 일치하는 "deliver"가 되며 "… the long and complicated one."도 "… the long and complicated ones."로 바꾸어 주어야 한다.

2) 여기서 "easy"와 "correct"가 수식하는 단어는 동사 "deliver"이다. 따라서 부사 형태인 "easily"와 "correctly"로 바꾸어 주어야 하며 바꾸어 주는 경우 비교급은 "more easily and correctly"가 된다.

교정 문장 Ⅰ You will know that easy sentences deliver meaning more easily and correctly than the long and complicated ones. You must keep in mind that the object of writing is in communication.

번역 예(c)

If you write easy sentence(1), you will be able to communicate more easily and clearly with others than long and complicated sentences(2). You must remember that the aim of writing is to enable us to understand each other.

해설

1) 여기서도 문맥상 어떤 특정한 문장을 말하는 것은 아니므로 복수 형태인 "easy sentences"라고 해주는 것이 좋겠다.

2) 이렇게 써 놓으면 비교 대상이 "you"와 "long and complicated sentences"가 된다. 따라서 밑줄 친 부분을 "than when you write long and complicated sentences"라고 고쳐야 한다.

교정 문장 I If you write easy sentence, you will be able to communicate more easily and clearly with others than when you write long and complicated sentences. You must remember that the aim of writing is to enable us to understand each other.

> **모범 답안** Use easy sentences and you will see that they can convey your meaning far more plainly and even clearly than complicated and long ones can. Remember the object of writing lies in communication.

68 연습문제

I. 다음은 우리말을 영어로 옮긴 것이다. 바르지 않은 부분을 고치시오.

1. 그는 시험 준비를 위해 열심히 공부하였다.
He worked hard to prepare the examination.

---

2. 다섯 명이 사고로 다쳤다.
Five people were wounded in the accident.

---

3. 나는 파티에 가는 것을 좋아하지 않는다.
I dislike to go to parties.

---

4. 오늘 저녁 고객들에게 저녁식사를 사려고 한다.
We are planning taking our clients out to dinner tonight.

---

69 예제

우리는 우리와 다른 언어를 쓰는 개인이나 집단을 열등하게 여기는 뿌리 깊은 경향을 가지고 있다.

번역 예(a)

We have a deep-rooted tendency to think <u>low of</u>(1) the individual or group speaking a different language <u>with</u>(2) <u>us</u>(3).

해설

1) 이때는 "low of"가 아니라 "lowly of"로 표현해야 한다.

2) "be different from"이니까 여기서도 "with"가 아니라 "from"을 써주어야 한다.

3) 비교대상이 "언어"니까 "우리의 언어", 즉 "our language"혹은 "ours"라고 표현해야 한다.

교정 문장 ▮ We have a deep-rooted tendency to think lowly of the individual or group speaking a different language from ours.

번역 예(b)

We have a strong tendency to regard a person or a group that <u>speak</u>(1) <u>different language</u>(2) from <u>us</u>(3) as inferior.

해설

1) 앞의 선행사가 "a person or a group"이니까 단수로 일치시켜야 한다. 따라서 동사도 "speaks"라고 고쳐주어야 한다.

3) "language"는 셀 수 있는 명사이니까 앞에 관사를 붙인다. 위의 경우 특정한 언어를 의미하는 것은 아니므로 부정관사 "a"을 써주도록 한다.

4) "우리와 다른 것"이 아니고 "우리 언어와 다른 언어"이라는 의미이니까 "us"가 아니라 "ours"를 써주어야 맞다.

교정 문장 ▮ We have a strong tendency to regard a person or a group that speaks a different language from ours as inferior.

번역 예(c)

There is a deep rooted tendency to regard a person or a group that <u>speak</u>(1) a <u>different</u>(2) language as inferior.

해설

1) 앞의 선행사가 "a person or a group"이니까 단수로 일치시켜야 한다. 따라서 동사도 "speaks"라고 고쳐주어야 한다.

2) "different language"라고 표현했으면 무엇과 다른 지를 명시하는 것이 좋다. 여기서는 "우리가 쓰는 언어와 다른"이라는 의미이니까 "from our language"나 "from ours"로 표시해 준다.

교정 문장 ▮ There is a deep rooted tendency to regard a person or a group that speaks a different language from ours as inferior.

모범 답안 There is a deep-rooted tendency to regard as inferior individuals or groups speaking a language different from one's own.

69 연습문제

I. 다음은 우리말을 영어로 옮긴 것이다. 바르지 않은 부분을 고치시오.

1. 직장 상사는 나에게 늦게까지 일해야 한다고 말했다.
The boss told to me that I had to work late.

____

2. 보건부는 식당들에게 위생 상태를 유지할 것을 요구한다.
The health department requires restaurants maintaining sanitary conditions.

____

3. 당신 친구를 나에게 소개해 주시겠습니까?
Will you introduce me your friend?

____

4. 그는 그의 팀이 이길 것이라고 확신한다.
He is convincing that his team will win.

____

II. 다음을 영어로 옮기시오.

1. 나는 그가 곧 조치를 취해야 한다고 주장했다.

2. 미국에서 가장 인기 있는 스포츠는 야구와 농구인데 둘 다 미국에서 만들어진 것이다.

3. 그는 나보다 2배나 돈이 많다.

예제 70

여러분들이 유럽의 젊은이들과 알게 되면 여러분들은 그들이 돈을 별로 가지고 다니지 않는다는 것을 알게 될 것입니다.

번역 예(a)

If you make friends with European young men, you will <u>be know</u>(1) that they <u>have</u>(2) <u>few</u>(3) money.

해설

1) 이와 같이 일반 동사 앞에 "be" 동사를 필요 없이 붙이는 경우가 생각보다 많다. "be" 동사와 일반 동사가 같이 나오는 경우는 수동태나 진행형일 경우다. 물론 이때도 수동태일 경우 과거분사, 진행형일 경우 현재분사가 나온다. 이 경우는 단순미래 시제이므로 "know"만 써야 한다.

2) "~을 가지고 다닌다"는 표현은 "have" 보다는 "carry"가 적당하다.

3) "money"는 불가산 명사이므로 "few"가 아니라 "little"을 써야 한다.

교정 문장 ▮ If you make friends with European young men, you will know that they carry little money.

번역 예(b)

If you <u>are familiar with</u>(1) young men of Europe, you will discover that they don't carry <u>little</u>(2) money.

해설

1) "be familar with"는 그전부터 이미 잘 알고 있는 장소나 상황과 함께 쓰인다(예: I am familiar with this type of machine.). 그러나 사람과 같이 쓰면 육체적으로 잘 안다는 의미가 된다. 따라서 "make friends with" 등으로 표현하는 것이 좋다.

2) 앞에 부정의 "don't"가 있기 때문에 "little"을 쓰면 이중 부정이 된다. 따라서 "they carry little money"라고 하든지 아니면 "little" 대신 "much"를 써서 "… they don't carry much money"로 해주어야 옳다.

교정 문장 ❙ If you make friends with young men of Europe, you will discover that they don't carry much money.

> **번역 예(c)**
>
> **If you make friends with <u>youths</u>[1] of Europe, you will know that they <u>have</u>[2] little money.**

해설

1) "youths"는 보통 10대, 그중에서도 부정적인 의미로 많이 쓰인다. 따라서 여기서는 "young people"이라고 해주는 것이 무난하다.

2) "~을 가지고 다닌다"는 표현은 "have"보다는 "carry"가 적당하다.

교정 문장 ❙ If you make friends with the young people of Europe, you will know that they carry little money.

> **모범 답안** When you make friends with young people in Europe, you will learn that they carry little money.

70 연습문제

I. 다음은 우리말을 영어로 옮긴 것이다. (　　) 안에 적당한 전치사를 넣으시오.

1. 이 제품에 대한 수요가 늘었다.
The demand (　　) this product has grown.

2. 그는 디자인 부서를 책임지고 있다.
He is in charge (　　) the design department.

3. 이 건물은 낯이 익다.
This building is familar (　　) me.

4. 재산 손실에 대비해서 보험을 드는 것은 현명한 일이다.
It would be wise to insure your property (　　) demage.

5. 나는 친구를 호텔 로비에서 우연히 만났다.
I met my friend (　　) chance in the hotel lobby.

6. 해외 판매액이 23% 늘었다.
International sales increased (　　) 23%.

II. 다음은 우리말을 영어로 옮긴 것이다. 바르지 않은 부분을 고치시오.

1. 몇 달 내에 경제상황이 개선될 것으로 예측된다.
The economy is predicted that it will improve within the next few months.

---

2. 그는 그녀를 도울 수 없어서 유감스럽게 생각했다.
He regrets being not able to help her.

---

71 예제

혼자서 음식을 해먹는 것이 기숙사 밥을 먹는 것보다 훨씬 낫다.

번역 예(a)

I prefer cooking alone to eating at dormitory.
(1: alone, 2: dormitory)

해설

1) 여기서 혼자라는 의미의 단어는 "alone"보다는 "myself"가 더 적당하다.
2) 셀 수 있는 명사이기 때문에 관사를 붙여야 한다. 여기서는 문맥상 정관사 "the"를 써주는 것이 낫다.

교정 문장 ▮ I prefer cooking myself to eating at the dormitory.

번역 예(b)

Cooking a meal oneself is much better than eating dormitory meal.
(1: a meal, 2: meal)

해설

1) 식사 한 번을 의미하는 것은 아니므로 "meals"로 해준다.
2) 마찬가지로 "meals"로 해준다.

교정 문장 ▮ Cooking meals oneself is much better than eating dormitory meals.

번역 예(c)

It is better to make a food yourself than eating rice of the dormitory.
(1: a food, 2: rice of the dormitory)

해설

1) "food"는 셀 수 없는 명사이므로 부정관사를 붙이지 않고 그냥 "food"로 쓴다.

2) "기숙사 밥"이라 해서 "rice"로 표현하는 것은 아니다. "dormitory meals"로 쓰도록 한다.

교정 문장 ▮ It is better to make food yourself than eating dormitory meals.

번역 예(d)

I would rather cook and eat myself than eat dormitory meals.
(1: eat)

해설

1) 필요 없는 단어이다. 그냥 "cook"만 써도 된다.

교정 문장 ▮ I would rather cook myself than eat dormitory meals.

모범 답안 Cooking yourself is a lot better than eating dormitory food.

71 연습문제

I. 다음은 우리말을 영어로 옮긴 것이다. 바르지 않은 부분을 고치시오.

1. 구매 동의서를 작성하기 전에 소비자들은 그의 법률자문이 계약서를 검토할 수 있는 시간을 가져야 한다.
Before entering into any purchase agreement, consumers should be given time to have an attorney reviewer of the contract.

---

2. Tom과 그의 아버지는 비슷하다.
Tom and his father are like.

---

3. 오늘날 많은 학생들이 핸드폰을 가지고 다닌다.
Today many students are carrying handphones.

---

4. 붙잡힌 반란군 지도자들 중에는 여자가 세 명 있었다.
The rebel leaders seizing included three women.

II. 다음을 영어로 옮기시오.

1. 다툼이란 다른 사람이 틀렸다는 것을 보여주려는 노력이다.

2. 언젠가는 밖에 나갈 때 방독면을 쓰고 나가야 하지 않을까 걱정이 된다.

3. 그녀의 손은 힘든 일 때문에 거칠어졌다.

4. 에베레스트 산은 세계에서 가장 높은 산이다.

72 예제

모든 필요한 서류와 증명서는 늦어도 7월 1일까지 제출되어야 합니다.

번역 예(a)

You have to submit all the necessary papers and certificates until[1] July 1.

해설

1) "until"은 계속의 의미를 가질 때 쓴다. 여기서는 굳이 쓴다면 "by"를 쓸 수는 있겠다.

예) I waited for him until 5 o'clock. (○)
→ 5시까지 계속해서 기다리다.
I waited for him by 5 o'clock. (×)
I will come back by 5 o'clock. (○)
→ 5시까지 계속이 아니라 5시 전에라도 돌아올 수 있다.
I will come back until 5 o'clock. (×)

교정 문장 ▮ You have to submit all the necessary documents and certificates by July 1.

번역 예(b)

All the necessary documents and certificates have to be sent[1] by July 1.

해설

1) "제출하다"는 의미를 가진 "submit"이란 단어를 쓰도록 한다. 그리고 "sent"를 쓰는 경우에 보내는 곳이 명시되어야 한다.

예) It was sent. (?)

It was sent to him. (○)

교정 문장 ▌All the necessary documents and certificates have to be submitted by July 1.

번역 예(c)

All the required documents and certificates should be <u>submitted to</u>[1] <u>before</u>[2] July 1.

해설

1) 이처럼 제출되는 곳이 명시되지 않은 경우 "to"를 쓰지 않는다.
3) "before"가 틀린 것은 아니지만 "늦어도"라는 의미가 빠져있다. 이런 경우 가장 좋은 표현은 "no later than"이다.

교정 문장 ▌All the required documents and certificates should be submitted no later than July 1.

모범 답안 All the necessary documents and certificates should be submitted no later than the 1st of July.

72 연습문제

I. 다음은 우리말을 영어로 옮긴 것이다. 바르지 않은 부분을 고치시오.

1. 오래 공부했지만 그는 시험을 잘 못 보았다.
In spite of he studied for many hours, he didn't do well on exams.

____

2. 그 박물관은 곰팡이 냄새를 제거해야 한다.
The museum has to rid of the musty odor.

____

II. 다음을 영어로 옮기시오.

1. 대학교육은 특별한 지적 열망을 가지고 또 공부를 할 수 있는 충분한 자질을 가진, 선택된 사람을 위한 것이다.

____

2. 비행기가 안전한 교통수단으로 생각된 것은 극히 최근의 일이다.

____

3. 물에 빠진 사람은 지푸라기라도 붙잡는다는 속담은 인간성의 약점을 올바르게 나타내고 있다.

____

73 예제

버스가 혼잡하니 지갑을 도난당하지 않도록 조심하시오.

번역 예(a)

For the bus is crowded, take care not to be stolen your purse.
1 2

해설

1) 문두에는 "for"를 쓰지 않는다. "because"나 "as"를 쓰도록 한다.
2) "지갑을 잃어버리다"는 사역 동사 "have"를 써서 표현한다. 따라서 여기서도 "have ones' purse stolen"으로 해준다.

교정 문장 I Because the bus is crowded, take care not to have your purse stolen.

번역 예(b)

Be careful not to be stolen your purse in a confused bus.
1 2

해설

1) "지갑을 잃어버리다"는 사역 동사 "have"를 써서 표현한다. 따라서 여기서도 "have ones' purse stolen"으로 해준다.
2) "혼잡한"은 "crowded"라고 쓴다. "confused"는 "혼동스러운"이란 의미이다. 그리고 참고로 이야기하면 남자 지갑은 "purse" 여자 지갑은 "wallet"으로 표현한다.

교정 문장 ❙ Be careful not to have your purse stolen in a crowded bus.

모범 답안	Be careful not to have your purse stolen, as the bus is very crowded.

73 연습문제

I. 다음은 우리말을 영어로 옮긴 것이다. 바르지 않은 부분을 고치시오.

1. 모임에 늦지 않기 위해 평소보다 일찍 출발하였다.
I left earlier than usually in order to be in time for the meeting.

____

2. 내가 오늘 아침 집을 떠나려고 할 때 비가 오기 시작하였다.
When I was about to leave from home in the morning, it began to rain.

____

II. 다음을 영어로 옮기시오.

1. 우리는 면전에서 다른 사람의 잘못을 쉽게 지적하지 못한다.

____

2. 역사를 공부해보면 종교와 윤리가 놀랍게 발전했음을 알 수 있다.

____

3. 최근 물가가 놀랄 만큼 올랐다. 어떤 사람들은 10년 전보다 물가가 열 배는 올랐다고 한다.

____

4. 미국으로 수출량이 해마다 증가하고 있다.

---

5. 미국은 국내 산업을 보호하기 위해 한국으로부터의 수입에 제한을 두려고 한다.

---

6. 어떤 경우에도 소음을 제거할 수는 없다. 그러므로 소음을 즐기는 법을 배우는 것이 나을 것이다. 소음에 대해 좋게 생각하려면 소음이 완전히 없어진 현대 사회를 상상해보기만 해도 된다.

---

74 예제

미국 대학으로부터 I-20와 입학허가 편지를 받을 때까지는 비자를 신청하는 것이 허락되지 않습니다.

번역 예(a)

It is not permitted to apply <u>to</u>(1) a visa until <u>receive</u>(2) an I-20 and an admission letter from <u>American university</u>(3).

해설

1) "신청하다"는 "apply for"로 쓴다.

2) "until" 다음에는 주어를 써주든지 아니면 "receiving"으로 해주어야 한다.

3) 앞에 관사를 써주어야 한다. 여기서는 특정한 대학을 의미하는 것은 아니므로 부정관사 "an"을 써주는 것이 맞다.

교정 문장 ▮ It is not permitted to apply for a visa until you receive an I-20 and an admission letter from an American university.

번역 예(b)

<u>It</u>(1) doesn't permit to <u>propose</u>(2) a visa until you receive an I-20 and a letter of admission from <u>a</u>(3) American university.

해설

1) 여기서는 "it"이 지시하는 내용이 확실치 않다. 만약 "it"이 뒤에 나오는 "to propose" 이하를 받는 가주어라면 수동태로 표현하여 "It is not permitted …"로 표현해야 한다.

2) 여기서 "신청하다"를 "propose"로 표현하는 것은 적당치 않다. "propose"는 어떤 내용을 제안하다는 의미이다. "신청하다"는 "apply for"로 쓴다.

3) 뒤의 "American university"가 모음으로 시작하니 "an"을 써주어야 한다.

교정 문장 ▮ It is not permitted to apply for a visa until you receive an I-20 and a letter of admission from an American university.

> **번역 예(c)**
>
> **Before receive[1] an I-20 and admission letter from American university[2], you are not allowed to apply for a visa.**

해설

1) "Before" 다음에도 주어를 써주든지 아니면 "receiving"으로 써주어야 한다.

2) 앞에 부정 관사 "an"을 써주어야 한다.

교정 문장 ▮ Before receiving an I-20 and admission letter from an American university, you are not allowed to apply for a visa.

> **모범 답안** You are not allowed to apply for a visa until you get a letter of acceptance and I-20 from an American university.

74 연습문제

I. 다음은 우리말을 영어로 옮긴 것이다. 바르지 않은 부분을 고치시오.

1. 해변에서 수영을 즐기는 사람이 너무 많았다.
There were so many people enjoyed swimming on the beach.

____

2. 그녀는 가지 않으려고 생각한다.
She is considering not to go.

____

3. 그는 요리하는 법을 모른다.
He doesn't know to cook.

____

4. 내 아들은 군대에 갈 만큼 나이가 먹었다.
My son is enough old to join the army.

____

II. 다음을 영어로 옮기시오.

1. 내가 본 성공한 법률가들은 거의 예외 없이 아름답고 우아하고 지적인 여인과 결혼하였다.

---

2. 오늘날 우리나라의 대학은 다양한 분야의 전문가들을 길러내는 주요한 기능 외에도 학생들이 의미 있는 사회생활을 할 수 있도록 준비시키는 책임을 떠맡고 있다.

연습문제의 답과 해설

예제 1의 연습문제

I. 1. I work in an international bank, so I am familiar with foreign currency regulations.

2. He delivered(gave) an impressive lecture on Lincoln. ("강연을 하다"는 "deliver a lecture"나 "give a lecture"로 표현한다.)

II. 1. Only a few of them attended the meeting.

2. The discovery is considered very interesting.

3. The climate of the island is mild.

4. A number of key issues remain unsolved.

5. How many satellites does the U.S. launch every year?

6. Before you buy anything, ask yourself whether you really need it.

예제 2의 연습문제

I. 1. meeting ("look forward to" 다음의 동사 형태는 "-ing" 형태로 쓴다.)

2. enter (지각 동사 "see"나 "hear" 다음의 목적 보어는 동사의 경우 원형을 쓴다.)

3. Left

4. destroyed

5. letting ("appreciate"는 명사를 목적으로 하는 동사이다. 목적어가 동사형태인 경우 명사의 역할을 할 수 있게 동명사로 바꾸어 주어야 한다.)

6. waiting

7. taken

II. 1. The US decided to isolate Cuba both economically and politically.

2. When did you join the Labour Party?

3. I have marked the pages that you wanted to look at.
4. More than 30 software firms are involved in this project.
5. The Olympic Games will be transmitted live via satellite.
6. My shoes are too tight.

예제 3의 연습문제

I. 1. considerate
2. beneficial
3. successive ("successful"은 "성공적인"이라는 의미이고 "연속적인"의 의미를 가진 형용사는 "successive"이다.)
4. objection
5. advisable
6. Familiarity
7. deepen ("deep"의 동사형은 "deepen")
8. carefully
9. excitement
10. precision

예제 4의 연습문제

I. 1. attractively
2. delivery
3. applications
4. reduce
5. mechanically
6. assembly

II. 1. Do you have change for a fifty-dollar bill?
2. Queen Victoria ruled England for 64 years.

3. Age is irrelevant if he can do the job.
4. The course is open to anyone irrespective of age.
5. No one has ever succeeded in explaining this phenomenon.
6. The National Defence committee was split over the use of military force.

예제 5의 연습문제

I. 1. hopes
2. him or her
3. have
4. is
5. are
6. is
7. hurt
8. herself
9. his
10. was
11. are
12. is
13. has

예제 6의 연습문제

I. 1. They would have bought this fancy furniture, had they had enough cash on hand.
2. The report says that most people can easily be fooled by most of the false advertisement contained in the majority of television commercials. ("most of people"에서 처럼 명사가 나오면 "most

of"가 아니라 "most"를 쓴다. 반면 "most of the false advertisement"에서 처럼 관사가 뒷따르는 경우는 "most of"를 쓴다.)

3. If traffic problems are not solved soon, driving in cities will become impossible.
4. I finished today's work at 4:30. (완료형은 명확한 과거를 나타내는 표현과 같이 쓰지 않는다.)
5. The law I am referring to requires that everyone who owns a car have insurance. ("require" 같은 요구를 표시하는 동사 다음의 that-절에서 동사는 원형을 쓴다.)
6. Water consists of hydrogen and oxygen.
7. How about eating at that restaurant?

예제 7의 연습문제

I. 1. their
2. bitten
3. hit
4. said ("tell" 다음에는 이야기하는 대상이 나온다. 예: He tole me that he had been to America.)
5. close ("near"는 "to" 없이 쓴다.)
6. fare (교통수단의 요금은 "fare"이다.)
7. take
8. close
9. sample

II. 1. After graduating from college, I wanted to find a job.
2. But for(Without) the careful investigation, we could have been in financial trouble.
3. I hope that she would come to the party.

4. When I was a student, I majored in French literature.
5. Every invoice we issue has its own number.

예제 8의 연습문제

I. 1. which, or that
2. who
3. which, or that
4. that
5. what
6. that
7. whom
8. whose
9. Whoever
10. which
11. who (여기서 괄호 다음의 "I thought"는 삽입의 형태이다.)

II. 1. Should I take the price-tag off before wrapping the vase?
2. The major role of American Congress which is made up of the Senate and the House of Representatives is to passes the law.

예제 9의 연습문제

I. 1. We had better make a reservation so that we will be sure of getting a good table.
2. The camera was described as "water-proof".
3. The director was asked to speak at the meeting.
4. I want to consult the lawyer before I make an exclusive contract with you.

II. 1. Please remember to mail this letter on your way to home.

2. It is wrong to tell a lie to your parents.
3. Please explain to me what this means.
4. I recognized Mr. Brown at once because I had met him before.
5. Breaking my ankles really screwed up our holiday plans.
6. Investigators are searching for clues to the cause of the explosion.
7. The crowd scattered in all directions.
8. The older he grows, the more he drinks.

예제 10의 연습문제

I. 1. We usually come to work by train or in Janet's car when it is available. (교통수단을 나타낼 때 by 다음에 관사를 쓰지 않는다.)
2. When you feel depressed, a good movie is helpful.

II. 1. Wherever you may go, you will not find better place than home.
2. He will come back in a few days.
3. As a priest I am responsible for your spiritual happiness.

예제 11의 연습문제

I. 1. The accident occurred late at night.
2. He was studying English when his friend visited his office. ("when" 절과 함께 쓸 때 과거시제는 진행형으로 표현한다.)
3. The hotel is located just few blocks from the building.
4. They apologized for the error that resulted in an overcharge.

II. 1. In his place, I would act differently.
2. Your driver's license is good for three years.
3. In order to do a job well, you should have a real interest in it.
4. He suggested to me that I should study in Korea.

예제 12의 연습문제

I. 1. Please send me more information about your university.
("information"은 셀 수 없는 명사로 복수형태로 쓰지 않는다.)
2. The directors got the president to agree to the plan.
3. Because he is a newcomer, he is not to be blamed for it.
(이유를 나타내는 for는 문두에 쓰지 않는다.)
4. Your coat is the same size as mine.
5. I am going to take a vacation in late August.

II. 1. He forgets what he promises too often.
2. Written in plain English, this book is suitable for beginners.
3. Neither Mary not the other girls are responsible for it.
4. Ten men failed in returning from the expedition.

예제 13의 연습문제

I. 1. Tall buildings began to appear in Seoul in the late 1960's.
2. Our section held a meeting to review the week's progress.
3. I need someone to talk to.

II. 1. She waited for him for two hours in the park.
2. A man will succeed in proportion to his endurance.
3. Not only rice but also wheat is the major food of Oriental people.
4. The fact that he is rich is known to everyone.

예제 14의 연습문제

I. 1. I don't know whether(if) that answer is correct or not.
2. I used to study at the University of Southern California before I transferred to this university
3. Of the 6000 letters collected, one-third were mailed to the families

residing here.

II. **1.** He seldom speaks in the meeting, but when he speaks, he always speaks to the point.

2. I took it for granted that you would help me.

3. This book is written in such a simple style that everyone can read it.

4. He was reading the newspaper with his pipe in his mouth.

5. I found it difficult to reach the village without the aid of a map.

6. We have to work hard because our country lacks natural resources. (or We have to work hard because our country is lacking in natural resources.)

예제 15의 연습문제

I. **1.** Mary grew up in LA, but she went to college in NY.

2. She's taken the test, hasn't she?

3. This company, along with the business in general, has a responsibility to society. ("사회에 대한 책임"이라 할 때는 "responsibility"로 표현한다. "duty"는 주로 개인적, 윤리적 의무를 의미한다.)

4. We are going to borrow the money from Chicago Bank.

II. **1.** Nothing is more valuable than time, but nothing is less valued than time.

2. Your idea is wonderful, but to my regret, it is hardly possible to carry it out.

3. I entirely owe my success to him.

4. We can not say that a student who is good at mathematic or physics will be a great scientist.

5. It is difficult to speak of someone's weak points in his presence.

6. I am sorry I'm late. Have you been waiting for a long time?(or I am sorry I'm late. Have you been waiting long?)

예제 16의 연습문제

I. 1. Let's go home, shall we?

2. We asked that the customer pay his bill immediately.("ask"같은 요구를 표시하는 동사 다음의 that-절에서 동사는 원형을 쓴다.)

3. This table is reserved for a party of eight who are expected to arrive at 10.

II. 1. It is natural that young people should make room for the aged in a crowded bus.

2. It is said that man's life is going a long way with a heavy burden on his back.

3. The company seemed totally unconcerned about the safety of its workers.

4. My father's only wish was to make a lawyer of me.

5. The line is engaged. Would you like to hang on or call back later?

예제 17의 연습문제

I. 1. Most Koreans work on Saturday.

2. I had to restrain her from running out to the street.

3. At least four of the enemy were killed and the rest fled.

4. She sat with her elbows resting on the table.

5. During the summer vacation, he visited his relatives who lived in the country.

6. Can you tell me where I can find a book on 18th century architecture?

예제 18의 연습문제

I. 1. Mary and I went to the same university.

2. You had better not quit the job until you find another one.

3. He wants to marry a rich woman.

4. The cost of transporting goods by truck has risen with the price of gasoline. ("rise"는 자동사이므로 수동태로 쓰이지 않는다.)

II. 1. In a nutshell, the law means employers should hire or promote people regardless of their race, sex, religion, or national origin.

2. The weatherman says it will be colder tomorrow.

3. All employees should help one another even if they belong to different departments.

4. Our whole team walked onto the field. (or All of the members of our team walked onto the field.)

예제 19의 연습문제

I. 1. The spacious room has little furniture. (furniture는 셀 수 없는 명사이므로 "little"로 수식하고 복수형을 쓰지 않는다.)

2. The climate of this island is mild.

3. Although the manager is in his sixties, he looks much younger. ("look like" 다음에는 명사를 쓴다. 예: It looks like a horse.)

4. The man sitting at the chairman's table is Mr. Kim. ("seat"은 타동사이다.)

5. The students were interested in continuing the talk.

II. 1. A man who is under the age of 30 and well-versed in English is wanted.

2. When she comes home, tell her that a man named John came to see her.

예제 20의 연습문제

I. 1. She is not in agreement, and neither am I.

2. He took the elevator to the third floor. (건물 내의 몇 층을 이야기 할 때는 "floor"로 표현한다. 대신 건물 밖에서 전체 층수를 이야기 할 때는 "story"라 표현한다. 예: '3층 건물' a three-story building)

3. The president told me about his plan to go to New York.

4. I was told to attend the afternoon conference by my boss.

II. 1. His explanation for the ambiguous attitude which he had taken toward the problem was far from satisfaction.

2. Only the half guests arrived by seven.

3. Larry looked really happy when we gave him a present.

4. I am single, but all the other men in my office are married.

예제 21의 연습문제

I. 1. I am worried about it, and so is he.

2. You had better not put on airs.

3. Do you like to have tea every afternoon? (습관적인 행동은 현재로 표현한다. "Would"로 질문하는 것은 권유의 의미이다.)

II. 1. Which do you like better, Physics or Biology?

2. Any book will do, as long as it is interesting.

3. As soon as I got home, it began to rain.

4. I am very thirsty. Give me something to drink.

5. A closer examination of it will reveal the fact.

6. It is natural that air should be polluted since there are so many cars.

예제 22의 연습문제

I. 1. What worries me is the possibility of a nuclear accident.

2. I have two brothers; one is Seoul and the other is in Busan.

II. 1. What shape is the table, round or oval?

2. I shared a room with her at college.

3. You must pay a fee to go into the national park.

4. Margaret contends that she is completely innocent of the charge.

5. Hockey and soccer are alike in many respects.

6. Icecream and other frozen foods are located in the next aisle.

7. Investment in genetic engineering firms went down slightly last year.

8. I was unable to retrieve the lost data.

예제 23의 연습문제

I. 1. The people who cheated on the examination had to leave the room.

2. He approved of my going there.

3. He was used to living in the country.

II. 1. I suggest that you discuss this matter with the inspector.

2. Intersystem's international sales increased by 21% between 1990 to 1995.

3. I believe that it was around July 1 when the accident took place.

4. Anyone whose car is parked in a red zone will get a parking ticket.

5. Put your luggage under the seat or in the overhead compartment.

6. Can you lend me 20 dollars until next month?

7. The scientists did many experiments to prove that the drug was effective.

예제 24의 연습문제

I. **1.** There is someone on line 2 who would like to speak with you.

2. Be sure to keep the product where it is not exposed to the direct sunlight.

3. The parking space is left open for visitors.

II. **1.** We are having a much warmer winter than usual this year.

2. People who went skiing came back, disappointed at the little snow.

3. The apartment has two rooms with a hall in between.

4. Commuting to work is easier now because of the new subway system.

5. We attended several classical music concerts in December.

6. He has two brothers and both of them are airline pilots.

예제 25의 연습문제

I. **1.** Did you meet the girl who was chosen Homecoming Queen?

2. The man who made a great contribution to world peace is Bertrand Russel.

3. Written in haste, the book has many faults.

4. I am writing to inquire whether your university has any openings in the Physics department.

II. **1.** From time to time attempts have been made to expel foreign words from its vocabulary and to replace them by native words that have become less used.

2. You have to read only a few pages to find that this book is really good.

3. How long do you think it will take me to walk from here to the

City Hall?

4. I don't have a clear conception in what state the society of England will be in the future.

예제 26의 연습문제

I. 1. reminds
  2. marking
  3. whistling
  4. revealed
  5. being, fine
  6. accompanied
  7. prevented, from
  8. to, be, carried
  9. Five, minutes', walk

II. 1. He rode a bus for the rest of the distance.
  2. It's time we got rid of all these old toys.

예제 27의 연습문제

I. 1. happened, that
  2. he, was
  3. only, to, find
  4. His, honesty

II. 1. I'd like to bring the children if there's room in the car.
  2. There is much room for improvement in his work.
  3. He played a leading role in ending conflicts between the two countries.
  4. The divorce rate has risen steadily since the 1950's.

예제 28의 연습문제

I. **1.** We left before the beginning of act three.

2. He spends twice as much money as I do every day. (or He spends twice more money than I do every day.)

II. **1.** How far is it from here to your school?

2. This morning I overslept myself and was late for school.

3. The lady who is sitting there is my teacher.

4. The house in which he lives is large.

5. If the customer is not satisfied, please have him call the manager.

6. The plane will be landing in Chicago in twenty minutes.

예제 29의 연습문제

I. **1.** I have two dogs; one is black and the other is white.

2. I like him not because he has few faults but because he has a few faults.

3. Marriage is the principal goal of most women.

4. She is two inches taller than he.

5. He is three years senior to me.

6. John always told us exactly what he thought, and we respected him for that.

7. The country is rich in natural resources.

8. I'd like to reserve a table for two.

9. For a growing children a small town seems to be preferable to a large city.

예제 30의 연습문제

I. **1.** This umbrella belongs to me. ("belong"은 수동이나 진행형으로 쓰

지 않는다.)

2. He has enough money for a new house.

II. 1. Further details will be sent to you on request.

2. He was chosen to represent the country at the international conference.

3. The Washington Post sent her to Germany to report on the floods.

4. My watch was crushed beyond repair.

5. Office rents are extremely high in this part of London.

6. Don't forget to close the window before you go out.

7. Relations between industrialists and environmentalists have improved recently.

예제 31의 연습문제

I. 1. Henry asked us not to mention his failure in the test.

2. Mary looks beautiful in her pink dress.

II. 1. The band has agreed to appear at the charity concert for free.

2. Banks should loan more money to help promising businesses.

3. He showed complete ignorance of the basic facts about the situation.

4. For the moment the city seems quiet, but the fighting could(can) start again any time.

5. The motor car is the biggest cause of pollution in the world of today.

6. Let's take a break and meet up again in ten minutes.

예제 32의 연습문제

I. 1. Mary has been on a diet since three weeks ago.

2. Japan is considered to finance major infrastructure projects in various SE Asian countries. (원래는 "It is considered that Japan finances major infrastructure projects in various SE Asian countries."에서 "Japan"이 주어로 된 문장이다.)

3. Your tickets are for gate 10. (or your tickets are for the tenth gate.)

II. 1. Most people buy new electrical goods on credit.

2. It wouldn't be good manners to leave the party so soon.

3. We found that the car's gas tank was leaking.

4. The river flows through the middle of the town.

5. Paul emptied the glass and began to wash it.

6. I am sorry. I have spilt some wine on the carpet.

예제 33의 연습문제

I. 1. She introduced me to her father.

2. The poison, used a small quantity, will prove to be a medicine.

II. 1. Is there a limit on the amount of foreign currency that you can bring into this country?

2. There is one important similarity between the two political systems.

3. Most Europeans are rich by the standards of Third World countries.

4. I failed to convince him that I was right.

5. The whole interview will be recorded, so, you'd better be careful when you say something.

6. Police could find no connection between the bombing and any known terrorist organization.

예제 34의 연습문제

I. 1. Another thing the king did was to have a history of England written.

2. The weather feels like spring.

II. 1. The current value of property is very low compared with this time last year.

2. The heavy rain has made it necessary to close several roads.

3. The company is lobbying for a reduction in defense spending.

4. The expression has two very different meanings in English.

5. The dispute was settled in a way that was acceptable to both sides.

6. The public don't have access to this site.

7. Children under 14 must be accompanied by an adult.

8. How would you account for the sudden disappearance of the murder weapon?

예제 35의 연습문제

I. 1. They saved me a lot of trouble.

2. My letter, having been addressed to the wrong number, reached him late.

II. 1. Could you distribute copies in advance of the meeting?

2. New tax regulations gave them an advantage over their commercial rivals.

3. Extremists were openly advocating violence.

4. I am not prepared to discuss my financial problems with the press.

5. Under the Sino-British agreement, Hong-Kong was under Chinese rules in 1997.

6. Let Tom walk ahead, because he knows the way.
7. The main aim of this course is to improve students' communication skills.
8. His appointment as head of department has caused a lot of friction.
9. I would appreciate it if you would turn the music down.

예제 36의 연습문제

I. 1. Do you have anything to write with?
2. I clearly remember putting the key in my pocket this morning. ("remember" 다음 부정사를 쓰면 미래의 의미를 표시한다.)
3. Most of William Faulkner's novels deal with the universal problems of evil as represented by family disintegration.

II. 1. The police have searched the farm and the surrounding area.
2. I was assigned the job of looking after the new students.
3. What is the average rainfall for July?
4. The explosion of the gas tank could be heard two miles away.
5. The solution of this problem requires a great deal of thought.
6. He tried to satisfy my curiosity.
7. The furniture is made in the same way as it was over 200 years ago.
8. The use and sale of marijuana remains illegal.
9. The students were asked to stand in a row.
10. His English is not so clear as John's.

예제 37의 연습문제

I. 1. The window has been kept closed all day.

2. I finished the work an hour ago.

II. 1. The number of people who swim here has decreased.

2. The audience looked as if they were bored.

3. He turned around, balancing on one foot.

4. It is my belief that racism still remains in American society.

5. We are three points behind the other team.

6. Children of three and below should pay half fare

7. Passengers are asked to board half an hour before departure time.

8. The city lies on the border between the US and Mexico.

9. You are not allowed to borrow 6 books from the library at a time.

10. I don't feel like going to school today.

11. His mother decided to punish him for breaking the window.

예제 38의 연습문제

I. 1. If I had had more time, I would have checked my paper again.

2. The food in my country is very different from that of the United States.

3. No sooner had they seen a policeman than they ran away.

4. One of my friends took me to the airport.

II. 1. He can not have said so.

2. He got up early in order not to be late for the meeting.

3. By whom was this machine invented?

4. He seems to be satisfied with his present position.

5. You could have done it if you had tried.

6. Where have you been? I have been looking for you everywhere.

예제 39의 연습문제

I. 1. Having read the book, I sold it away.
2. I wonder when her birthday is.
3. He was eagerly waiting for the announcement. ("await"는 자동사이다.)

II. 1. Even if her advice does not coincide with what you want, I want you to follow it.
2. He has no friend whom he can depend upon.
3. I gave him all the money I had.
4. The children found it hard to adapt to their new school.
5. The chairman has the power to adjourn the meeting at any time.

예제 40의 연습문제

I. 1. fixing
2. to mail
3. writing
4. cry

II. 1. His question failed to get a response from any of the students.
2. His father came to his help and lent him the money.
3. It must be borne in mind that there is no royal road to learning.
4. He is the only person that can solve the problem.
5. He took revenge on his employer by setting fire to the factory.
6. As soon as the robber got out of the cathedral, he was caught by the police.
7. After a moment's hesitation, she patted the dog on the head.

예제 41의 연습문제

I. 1. Awards given to the company are displayed in the lobby.
2. Almost all Koreans eat rice for breakfast.
3. New paint and pictures made the office look better.
4. Please leave your baggage beside the bus for loading.
5. Although Mr. Smith was late, he did not miss the performance.
6. The research assistant submitted an interesting report on consumer preference.
7. I allowed him to take his vacation during our busiest period.
8. The newspaper expects circulation to increase next year.
9. Only recently have people begun to realize the importance of natural conservation.

예제 42의 연습문제

I. 1. Our service technicians receive the best training available.
2. Cancellation must be made 24 hours prior to scheduled arrival.
3. He gained illegal access to the system.
4. The products will be shipped by the method preferred by the customers.
5. The restaurant begins serving lunch at noon and stays open until seven.
6. The computer terminal which I was using was not attached to the network.
7. The details of the reforms are to be released officially next month.
8. These stars are barely visible to the naked eyes.
9. The entire audience appeared impressed by the ballet performance.
10. If someone telephones me, you can wake me up or take a

message.

11. He decided to delay his trip until May.

예제 43의 연습문제

I. 1. He is used to sitting up late at night.
2. The room is more spacious than the other.
3. It will not be long before summer comes.

II. 1. Most food products are transported by truck.
2. When he dropped the bag, the contents spilled out on the floor.
3. I became depressed after I failed the exam.
4. I will be happy to provide a reference for you when you apply for another job.
5. I had to stand in line for fifteen minutes.
6. She was deeply offended by his unkind remark.
7. To make the proper decision, voters must be informed on the issue.

예제 44의 연습문제

I. 1. variety
2. quitely
3. demanding

II. 1. An investigation indicates that the accident occurred because of pilot fatigue.
2. The proposal which he made was eventually adopted.
3. I hope to take a course in personnel management at the college next fall.
4. I suggested that he read the company policy manual more carefully.

5. A man in a ski mask was looking at the bank.
6. Every morning, the hotel staff deliveries a newspaper to my door.
7. The boiling point is the temperature at which water begins to bubble and turns to steam.
8. At the end of the year, the company has a picnic for the employees.

예제 45의 연습문제

I. 1. She is so slow that she never gets to class on time.
2. I said nothing, which made him more angry.

II. 1. Let's meet for lunch tomorrow to discuss your idea.
2. Before you left, you should turn off all the lights.
3. I don't think Mr. Brown will call, but if he should call while. I'm gone, tell him that I will call him back as soon as possible.
4. The team is supposed to arrive in time for a television interview.
5. There's nothing more to do today, so you may as well call it a day.
6. I can not help laughing to hear his story.

예제 46의 연습문제

I. 1. I am very fond of oranges. (원급의 형용사는 "very"로 수식하고 비교급은 "much"로 수식한다.)
2. The plane arrived late because of bad weather.
3. As the speech was dull, many of them were bored.

II. 1. I don't have enough experience for getting the job I want.
2. Our company sent three employees to London.
3. He took up stamp collection as a means of improving his knowledge of geography.

4. We have received several complaints regarding the poor attitude of the new waitress.
5. His decision to retire came as a surprise to everyone in the department.

예제 47의 연습문제

I. 1. It is expected that Mary will marry him.
   2. John was excited over the game.

II. 1. Three of the packages arrived this week, but the others did not.
   2. We have decided to move, but are still considering where to go.
   3. I am not feeling very tired considering that I slept only four hours last night.
   4. The theater manager told me not to let anyone in unless he shows me his ticket.
   5. The workers will be more productive when the company installs the new equipment.
   6. Lead has been used as a material for sculpture since the time of the early Greek.

예제 48의 연습문제

I. 1. It was so interesting a book that he couldn't put it down.
   2. The dog, trained carefully, will become a faithful servant.

II. 1. As far as we can see, he appears satisfied with the results.
   2. I asked if she was ready to go and she nodded.
   3. He knows a lot of English words, but his grammar is very weak.
   4. You have to get official permission to build a new house.
   5. We try to help people to confront their problems.

6. Check it out with him if you don't believe me.
7. His contract of employment specifies that he must get at least one month's training.

예제 49의 연습문제

I. 1. becoming
2. preserving
3. glorification
4. wilderness
5. drinking
6. used

II. 1. The research results are summarized conveniently in the following chart.
2. He stood silently in the doorway, unwilling to interrupt their conversation.
3. I managed to convince him that the story was true.
4. The teacher was counting children as they got on the bus.

예제 50의 연습문제

I. 1. The letter was short because there wasn't much news.
2. He is satisfied with the result.
3. The guide explained to us the difference between the Korea Dynasty and the Yi dynasty.

II. 1. These proposals deserve serious consideration.
2. It is desirable that you should have some familiarity with computers.
3. Humans differ from other mammals in their ability to speak.

4. The question made me confused. (or The question confused me.)
5. Even in the prison we tried to retain some human dignity.
6. Do I get a discount if I buy a whole box of wine?

예제 51의 연습문제

I. 1. on
2. during
3. with
4. with
5. on
6. in ("승용차나 택시를 타다" 역시 "get in the car(taxi)"로 표현한다)

II. 1. It took him a long time to acquire the skills he needed to become a professional artist.
2. Before they wrote the final report, they had to spend 6 months collecting facts and figures.
3. They brought two more regiments to the defence of the island.

예제 52의 연습문제

I. 1. rule
2. elimination
3. discovering
4. political
5. depth

II. 1. It is difficult to remember exactly what they looked like at this distance.
2. The twins are so alike that it is difficult to distinguish one from the other.

3. She is a nice person, but she tends to dominate the conversation.
4. The new evidence cast some doubt on his reliability as a witness.

예제 53의 연습문제

I. 1. It being a fine day, I went out for a walk.
   2. I want to have my picture taken in front of the Eiffel Tower as a souvenir of my trip to Paris. ("자기 사진을 찍다"는 "have one's picture taken"으로 표현한다.)
   3. He stood leaning against the wall.

II. 1. She dreamed that one day she would be famous.
   2. I made every effort to complete the assignment in time.
   3. The report examined teaching methods employed in the classroom.
   4. She decided it was time to end the relationship with him.
   5. It is my duty as an officer to set an example to the soldiers.

예제 54의 연습문제

I. 1. My father and I have the same idea. ("same"은 항상 "the"와 같이 쓴다.)
   2. I was pleased to hear the news.
   3. He went to Seoul with a view to meeting his friend.
   4. I would rather that you didn't drive.
   5. My teacher had us give oral reports.

II. 1. He carried out a series of experiments to test his theory.
   2. The report revealed that workers had been exposed to high levels of radiation.
   3. Payment may be made in the following ways: check, cash, or credit card.

4. All theories should be built on a foundation of factual knowledge.
5. They persuaded the terrorists to free the hostages.

예제 55의 연습문제

I. 1. I wish that the party were on Friday.
2. Let's talk about it, shall we?
3. He feels sure that whoever wins the election will have the support of both parties. (선행사 없이 쓰일 수 있는 관계대명사는 "whoever"이다.)

II. 1. Much of the electrical equipment failed to fulfil the safety requirements.
2. I listened very carefully to what my brother said.
3. Write an essay of about 500 words describing your plans for the future.
4. Even if you complete your training, I can't guarantee you a job.
5. The fall in oil prices helped economic development.
6. He took off his ring to hide the fact that he was married.

예제 56의 연습문제

I. 1. with
2. into
3. to
4. into

II. 1. She was smaller than any of her three sisters.
2. Most people, if not all, look on literary taste as an elegant accomplishment, by acquiring which they will complete themselves.

3. Poetry moves us to sympathy with the emotions of the poet himself or with those of the persons whom his imagination has created.
4. Children have a natural curiosity about the world around them
5. The band has negotiated a new deal with their record company.
6. In this point the lake is ninety meters deep.

예제 57의 연습문제

I. 1. with
2. with
3. over
4. at

II. 1. Our problem was due to a combination of bad management and lack of experience.
2. The polls clearly shows that the voters are dissatisfied with the present government.
3. This suit made of wool is superior to the other one.
4. I made an appointment with him to talk about the merger.
5. If we want to compete with the company, we must take a new approach to marketing.
6. We are going to spend our vacation in a small town in France where my wife once lived.

예제 58의 연습문제

I. 1. Because of the inconsistency of electrical current, delicate electric instruments, such as television and computers, should always be plugged into a surge suppressor.

2. I have two cars; one is big and the other is small.
3. The Netherlands is a country famous for its windmills.
4. The people have been waiting for more than three hours for the concert to begin. ("People"은 복수로 취급)
5. Common goods are generally exempt from direct tax.

II. 1. The best solution would be for them to separate.
2. He pulled out his rifle and fired three shots.

예제 59의 연습문제

I. 1. Neither the president nor our own CPA was able to find the error. ("neither A nor B"에서 동사는 "B"에 일치)
2. I want those who have not finished their work to stay late and get the job done. (~하는 사람들은 "those who"로 표현한다.)
3. Never have I heard of such an animal. (부정어 "never"등이 문두에 오면 그 다음 주어와 조동사는 도치된다.)
4. Please call me next Sunday.("next Sunday"는 자체가 부사이다. "on"을 쓸 때는 "Sunday next"로 표현한다.)

II. 1. There has been a marked shift in attitudes towards homosexuality.
2. She walked along the street wearing her new dress.
3. They are in desperate need of food and shelter.
4. After two years of medical school, I thought I knew everything.
5. The new airport is scheduled to open just before Christmas.

예제 60의 연습문제

I. 1. She is dancing to the piano.
2. He spoke through an interpreter.
3. This is the book I spoke about to you yesterday.

II. 1. Those of us who are not born with compassion can acquire it either by way of our imagination or through our own experience.
2. He is just trying to scare us.
3. She could scarcely see in front of her.
4. What is the scale of this map?
5. Weather conditions influence agricultural production. (or Weather conditions have a strong influence on agricultural production.)

예제 61의 연습문제

I. 1. I object to paying twice for the same thing.
2. The train was crowded with many passengers.
3. His research deserves praise. ("deserve"는 진행형으로 쓰지 않는다.)
4. The watch is not so expensive as you think. (or The price of the watch is not so high as you think.)

II. 1. My work is better than his. (or My work is superior to his.)
2. American people make much of what is practical.
3. With the exception of a small number of intellectuals, the greater number of the middle class people take little interest in intellectual pursuits.
4. An overwhelming majority of the people want in earnest to see Korea reunified.

예제 62의 연습문제

I. 1. You must inform the police of this at once.
2. I envy you your great success.

II. 1. He is a promising young man.
2. Our team has always beaten your team.

3. He was kind enough to show me the way to the station.
4. We are of an age, but he is much taller than I.
5. The population Japan is much larger than that of Korea.
6. No sooner had he sat down than the phone rang.
7. Excuse me, is this picture for sale?
8. By Friday, 25 applications had been submitted to the office.

예제 63의 연습문제

I. 1. competitive
  2. schooling

II. 1. Those who are content with what they have are happy, though they are poor.
  2. The line is busy. Someone must be calling now.
  3. The new law restricts the sale of guns.
  4. People were growing accustomed to the sight of riot police patrolling the streets.
  5. He will soon make friends with you again.
  6. The secretary took a few minutes at lunch to have her glasses repaired.

예제 64의 연습문제

I. 1. He paid only half the sum.
  2. The president hung a Picasso on the wall.
  3. He hides the fact from the world.
  4. His salary is lower than his wife's.

II. 1. There are many people in the meeting room waiting for the meeting to begin.

2. It is much hotter in this room than it is in my office.
3. Experienced workers require less training than the workers who have no experience.
4. Maybe you can disguise yourself as a waiter and sneak in there.
5. The company has increased production in order to meet demand.

예제 65의 연습문제

I. 1. Civility is not a sign of weakness and sincerity is always subject to proof.
2. She was jealous of her cousin's good fortune.
3. The street is crowded with many people.
4. When using this machine, you must remember that you must be careful.

II. 1. Thousands of lives have been save by this drug.
2. Let's save the rest of the cake for later.
3. How many people are there in your family?
4. Many people feel annoyed if someone smokes while they are eating.
5. During my children's vacation, I was very busy preparing meals.

예제 66의 연습문제

I. 1. She looked in the glass for a very long time. (or She looked at herself in the glass for a very long time.)
2. I made a lot mistakes in the examination.
3. Nature is full of mysteries and wonders.

II. 1. He denied ever having been there.
2. Last night I slept without turning off the radio.

3. Voters are frustrated with the growing crime rate.
4. What is your favorite sport?

예제 67의 연습문제

I. 1. How large is the Chinese population?
2. He seized me by the sleeve.
3. Not only Biology but also Physics is a popular subject at this school. (이 경우 동사는 "physics"에 일치시키는데 "physics"와 같은 학문의 명칭은 복수 형태라도 단수로 취급한다.)
4. The house needs painting, but we plan to wait until next summer.

II. 1. The accident happened near my house.
2. What is the most important in learning is even to doubt a thing that has been taken for granted.
3. He remembers receiving the letter, but he can't find it.

예제 68의 연습문제

I. 1. He worked hard to prepare for the examination.
2. Five people were injured in the accident. (사고로 이해 다친 경우는 "injured"로 표현한다. "wounded"는 주로 무기 등에 의해 부상을 당한 경우에 사용한다.)
3. I dislike going to parties. ("like"와 달리 "dislike"의 목적어로는 동명사를 쓴다.)
4. We are planning to take our clients out to dinner tonight. ("plan"은 부정사를 목적어로 취한다.)

예제 69의 연습문제

I. 1. The boss told me that I had to work late.

2. The health department requires restaurants to maintain sanitary conditions.

3. Will you introduce your friend to me?

4. He is convinced that his team will win.

II. 1. I insisted that he should take actions right away.

2. The most popular sports in the U. S. are baseball and basketball, both of which are invented in America.

3. He has twice as much money as I have.

예제 70의 연습문제

I. 1. for

2. of

3. to

4. against

5. by

6. by

II. 1. The economy is predicted to improve within the next few months.

2. He regrets not being able to help her.

예제 71의 연습문제

I. 1. Before entering into any purchase agreement, consumers should be given time to have an attorney review of the contract.

2. Tom and his father are alike.

3. Today many students are carrying celluarphones.

4. The rebel leaders seized included three women.

II. 1. Quarrelling means trying to show that the other man is in the wrong.

2. I am afraid that someday we will have to wear gas masks when we go out.
3. Her hands were rough from hard work.
4. Mt. Everest is higher than any other mountain in the world. (or No other mountain in the world is higher than Mt. Everest. or No other mountain in the world is so high as Mt. Everest. or Mt. Everest is the highest of all the mountains in the world.)

예제 72의 연습문제

I. 1. In spite of his many hours of study, he didn't do well on exams. (or Although he studied for many hours, he didn't do well on exams.)

2. The museum has to get rid of the musty odor. (or The museum has to rid the building of the musty odor.)

II. 1. University education is meant for selected people who are filled with a very special intellectual zeal and have sufficient equipment to do the work.

2. It was not till quite recently that airplanes have come to be regarded as a safe means of transportation.

3. The old saying that a drowning man will catch at a straw truly describes the weakness of human nature.

예제 73의 연습문제

I. 1. I left earlier than usual in order to be in time for the meeting.

2. When I was about to leave home in the morning, it began to rain.

II. 1. We can not easily point out someone's fault to his face.

2. A study of human history shows that there has been a wonderful development of ethics and religion.
3. Lately prices have risen remarkably. Some people say that prices have risen ten times as high as ten years ago.
4. The volume of our exports to the U.S. has been increasing every year.
5. The U.S. is trying to put a limitation on the imports from Korea to protect its domestic industries.
6. We can not get rid of noise in any case, so that we may as well learn to enjoy it. In order to think well of noise, one has only to imagine what a modern society would be like if all noise were totally abolished.

예제 74의 연습문제

I. 1. There were so many people enjoying swimming on the beach.
2. She is considering not going. ("무엇을 고려 중이다"는 "consider -ing"로 표현한다.)
3. He doesn't know how to cook.
4. My son is old enough to join the army.

II. 1. The successful lawyers I had observed were, almost without exception, married to beautiful, gracious, and intelligent woman.
2. Today the universities and colleges of our country have the major function for cultivating various kinds of experts and specialists and also undertake the responsibility of preparing their students for the meaningful social life.

이 책을 쓰는 데 다음의 책들을 참고하였다.

1. A Comprehensive Grammar of the English Language (Randolf Quirk, Longman)
2. Common Problems in Korean English (David Kosofsky, 외국어 연수사)
3. Longman Dictionary of Contemporary English
4. Longman Language Activator
5. Steps in Composition (Lynn Quitman Troyka, Prentice Hall)
6. The Random House Dictionary of the English Language
7. 꼭 알아야 할 English Rules 250 (이상빈 & Eve Rothman, 디자인 하우스)
8. 에센스 영한 사전 (민중서관)
9. 엘리트 한영대사전 (시사영어사)
10. 영어 관사의 문법 (한학성, 태학사)
11. 영어 어휘 바로 쓰기 (권용현, 도서출판 발해그후)
12. 영어 유감 (구학관, 도서출판 글맥)

WRITING IN ENGLISH
잘못된 곳을 고쳐주는
영작문

인지

지은이 조형묵
펴낸이 조경희
펴낸곳 경문사
펴낸날 2012년 3월 5일 1판 1쇄
2022년 2월 28일 1판 5쇄
등 록 1979년 11월 9일 제1979-000023호
주 소 04057, 서울특별시 마포구 와우산로 174
전 화 (02)332-2004 팩스 (02)336-5193
이메일 kyungmoon@kyungmoon.com

값 20,000원

ISBN 978-89-6105-552-9

★ 경문사의 다양한 도서와 콘텐츠를 만나보세요!

홈페이지	www.kyungmoon.com	페이스북	facebook.com/kyungmoonsa
포스트	post.naver.com/kyungmoonbooks	블로그	blog.naver.com/kyungmoonbooks
북이오	buk.io/@pa9309	유튜브	https://www.youtube.com/channel/UCIDC8x4xvA8eZIrVaD7QGoQ

경문사 출간 도서 중 수정판에 대한 **정오표**는 **홈페이지 자료실**에 있습니다.